영혼의 감옥을 벗어나
진정한 자유를 찾길.

그리고,
더는 행복이 어색하지 않길.

정서적 협박에서
벗어나라

정서적 협박에서 벗어나라

내 마음을 옭아매는 영혼의 감옥

저우무쯔 지음 | 하은지 옮김

쌤앤파커스

이 책을 읽으면서 가장 먼저 떠오른 것은 대한민국의 수많은 학부모, 그리고 아이들이었다.

아버지들은 각자의 일터에서 하루를 보내면서 수없이 자존감이 깎여나가고, 엄마들은 아이의 성적에 따라 서열이 결정된다. 이런 상황에서 자존감이 약한 부모는 자신의 '쓸모'를 아이를 통해 끊임없이 확인하려 든다.

부모의 '정서적 협박'에 고스란히 노출된 아이들은 정신적인 성장이 멈춰버리기 쉽다. 나를 낳아준 사람, 세상의 모든 것과 다를 바 없는 부모에게서 온전히 사랑받지 못한 상처는 삶 자체를 무기력하게 만들어버린다. 나를 보호하고 지키는 힘이 없으니 사소한 일에도 흔들리고, 나를 키우는 힘도 없으니 하고 싶은 일이 생겨도 도전하지 못한다. 그런 아이를 보며 뒤늦게 용서를 빌고 후회하는 부모들이 내 주변에도 적지 않다. 아이는 부모의 자존감만큼 자란다. 생명의 지지대와도 같은 아이와 나의 자존감을 지키기 위해 고민하는 부모들에게 이 책을 권하고 싶다.

김미경 (김미경TV 대표, 《김미경의 인생미답》 저자)

"퇴근길에 잠깐 백화점 들러서 물건 하나 사오라는 게 그렇게 힘든 일이야? 널 키우느라 고생한 나를 어떻게 이리 대할 수 있니?"

이어지는 야근 때문에 지친 날, 엄마와 이런 통화를 하고 죄책감에 시달린 적이 한두 번은 있을 것이다. 순식간에 나쁜 딸, 나쁜 아들, 나쁜 연인이 됐던 기억 말이다.

정서적 협박은 부모와 자식, 직장, 부부, 연인 등 다양한 인간관계에서 볼 수 있다. 정서적 협박자는 부탁이나 위협, 압박, 침묵 등의 직간접적 '협박'의 수단을 사용해 상대방이 '좌절감'이나 '죄책감', '두려움'을 느끼게 한다. 이런 무기로 피해자를 통제하고 그의 결정과 행동을 지배하는 것이다.

누군가의 부탁을 거절하는 데 늘 어려움을 느끼는가? 내가 베푼 호의를 마땅한 권리라 여기는지 사람들을 이해할 수 없는가? 심지어 '나를 돕지 않는 건 나한테 빚을 지는 거나 다름없다'고 생각하는 그들의 태도에 화가 치미는가? 만약 당신이 부탁을 거절하지 못한 채, 나는 나쁜 사람이란 죄책감을 수시로 느낀다면, 이 책을 읽어야 한다. 한 번이 아니라 두 번 읽어야 한다고 생각한다. 독성 죄책감이 당신의 자존감을 모조리 갉아먹기 때문이다.

백영옥 (소설가, 《빨강머리 앤이 하는 말》 저자)

나는 왜 거절하지 못할까?

심리상담을 시작한 뒤 한 가지 발견한 사실이 있다. 내담자들이 나를 찾아와 도움을 구하는 이유는 다양하지만, 감정적인 어려움의 뿌리는 결국 하나로 귀결된다는 점이다. 바로 '타인과의 불분명한 정서적 경계선'이다. 이로 말미암아 많은 사람들이 '정서적 협박'을 당하고 있지만 어떻게 개선하고 벗어나야 하는지 알지 못해 괴로워한다.

정서적 경계선이 불분명해지면 심각한 정서적 협박의 관계를 유발한다. 문제는 부모와 자식 혹은 배우자와 같이 매우 친밀한 관계에서 이런 협박이 벌어진다는 점이다. 그중에서도 내가 경험한 사례들을 보면 협박의 피해자는 남자보다 여자가 훨씬 많고 협박의 정도도 심각했다.

내가 어렸을 때 친구들 사이에서 '좋은 친구'의 기준은 '뭘하든 함께'하는 것이었다. 물건을 사도 함께, 쇼핑을 해도 함께, 밥을 먹어도 함께, 심지어 화장실도 함께였다. 사이가 가까우면 가까울수록 정서적 경계선이 더욱 모호했고 이것이 '친한' 관계의 기준이 되었다.

부모와 자식, 배우자의 경우에 이 경계선은 훨씬 더 모호해진다. 이로 인해 무의식적으로 각종 정서적 협박이 행해지곤 한다.

이런 문제로 상담을 요청해오는 경우가 상당히 많았다. 일방적으로 '효도'를 강조하거나 "다 너를 위한 거야."라는 말로 강요하기도 한다. 혹은 "우리는 가족이니까 그 어떤 경계도 없이 살아야 해."라고 말한다거나 "나는 네 삶에 간섭하고 결정할 권리가 있어."라고 직접적으로 말하는 사람도 있었다. 상담을 요청하는 많은 이들의 삶에 이런 장면들이 시시각각 펼쳐졌다.

일상생활이 아닌 직장에서도 정서적 협박은 쉽게 볼 수 있다. 정서적 경계선이 모호한 상사나 동료가 있다면 그들은 자기 가족을 대하듯 상대방을 대해서 지치게 하기 마련이다.

수많은 사람이 정서적 어려움을 겪는 근본적 원인은 '불분명한 정서적 경계선'이나 '정서적 협박'에 있었다. 하지만 사람들은 협박을 당하고 있다 하더라도 선뜻 심리상담을 받으러 오지는 않았다. 나는 더 많은 사람들에게 정서적 협박에 대해 알려주고 그곳에서 빠져나올 수 있도록 돕고 싶었다.

정서적 협박을 다룬 책은 수잔 포워드Susan Forward의 《사랑하는 사람이 나를 조종할 때Emotional Blackmail》뿐이었다. 하지만 동양과 서양의 문화적 차이와 문제를 바라보는 시각의 차이가 있었다. 이를 고려했을 때 그 책의 내용을 우리 삶에 적용해 건강한 정서적 경계선을 세우기에는 어려움이 있다고 생각했다. 그래서 직접 책을 쓰고 싶다는 생각을 하게 되었다.

내가 과거에 그랬듯 당신도 지금 자신이 '정서적 협박'을 당하고 있다는 사실조차 모르고 있을 것이다. 그리고 그런 관계에서 이미 만신창이가 되었는데도 내면의 죄책감을 어찌 하지 못하고 있으리라 생각된다. 당신 자신을 보호하지도 못하는 상태로 계속 협박의 쳇바퀴를 돌고 있을 것이다. 아니면, 정서적 협박을 당하고 있다는 사실을 머리로는 알지만 가슴으로는 받아들이지 못한 채, 무엇에 조종당하는지도 모르는 상태로 계속해서 타인의 요구만을 만족시켜 주고 있을지도 모르겠다.

'나는 왜 거절하지 못할까?'

혹시 가끔씩 혹은 매우 자주 이런 질문을 스스로에게 던지고 있는가? 그렇다면 이 책이 당신에게 도움을 줄 것이다. 나와 함께 주변의 관계를 점검하고 인생의 주도권을 되찾아오길 소망한다.

일러두기

심리학자 수잔 포워드가 '감정에 호소하는 심리적인 공갈 또는 협박'의 의미로
제시한 개념인 'emotional blackmail'을 원문에서는 '情緒勒索'으로 사용했습
니다. 이 책에서는 '상대방의 마음에 일어나는 다양한 감정을 심리적인 위력으
로 조종해 원하는 바를 이루고자 하는 행위'라는 의미에서 '정서적 협박'으로 사
용합니다.

1 어느새 나는
그의 덫에
빠져 있었다

정서적 협박은 어떻게 나를 옭아매는가?

그들은 '책임'과 '당연히'라는 덫을 들고 다가온다

협박자들은 대체 왜, 무엇 때문에 그럴까?

다른 듯 닮은 협박자와 피해자

2 어쩌다가
우리는
이렇게 되었을까?

'나'라는 존재에 대한 완전한 수용, 자존감

지금의 내 모습을 만든 타인들의 감정

정서적 협박에서 나를 지키는 방법들

3 이제는 정서적 협박에서 벗어나자

용기 내 직면하면 해결할 수 있다

악순환의 고리를 끊어버리는 법

정서적 경계선은 어떻게 세울까?

튼튼하게 마음의 울타리를 세운다

늘 남을 위해 살아오진 않았을까?

며칠 전 회사에 있던 내게 엄마가 전화를 걸어왔다. 저녁에 먹을 반찬거리를 좀 사오라는 것이었다. 평소 같았으면 알았다고 하고 끊었겠지만 그날은 일이 너무 많아 야근해야 하는 상황이었다. 나는 엄마에게 '팀장이 야근을 요구해서 오늘은 좀 어려울 것 같다'고 말했다. 엄마는 기분이 상했는지 '회사랑 집도 가까운데 반찬을 사서 갖다 주고 다시 돌아가 일하면 되지 않느냐'고 핀잔을 주었다. 이 말에 짜증이 난 나는 감정 섞인 말투로 '지금 너무 바빠서 그럴 수 없으니 엄마가 직접 사다 드시라'고 말하곤 전화를 끊었다.

퇴근 후 집에 도착했을 때 엄마는 잔뜩 화난 얼굴로 내게 말씀하셨다.

"너 같은 자식 낳아봐야 무슨 소용이냐? 엄마가 얼마나 힘든지 넌 모르지? 하긴, 그걸 알면 이러지 않겠지. 그거 사오는 게 뭐 어려운 일이라고! 진짜 내가 널 헛 키웠지, 헛 키웠어. 나는 실패한 엄마야!"

하……. 정말 할 말이 없었다. 그렇게 말하는 엄마야말로 내가 얼마나 힘든지 알아 주지 않는 것 같아 서운함이 몰려왔다. 그런데 한편으로는 이런 생각이 드는 것이 아니겠나.

'내가 정말 잘못했나?'

엄마의 '저주'를 도대체 어떻게 해석해야 할지 몰라 혼란스러워하며 그냥 묵묵히 쏟아지는 짜증을 모두 받아냈다.

비슷한 일은 후에도 계속 반복됐다. 이제는 퇴근해서 집에 가는 일이 스트레스였다. 매번 퇴근할 때마다 엄마의 심부름을 해야만 했다. 엄마의 부탁을 거절하기라도 한다면 천하의 불효녀가 되는 것 같았다.

회사에서는 팀장 때문에 스트레스가 이만저만이 아니었다. 꼭 팀장은 퇴근을 앞두고 일을 시켰다. 게다가 주말에도 나와 일을 하라고 강요했다. 그리고 연차를 신청하면 허락하지 않으면서 자기는 마음껏 연차를 내며 잘도 쉬었고 심지어 근무시간에 딴 짓을 하기도 했다. 그러면서 항상 내게는 이런 식으로 말했다.

"자네 신입 아니야? 여기 들어온 건 그래도 운이 좋은 거지. 지금 이 사회의 경쟁이 얼마나 치열한지 잘 알잖아. 사실 자네 같은 사람은 널리고 널렸어. 지금이라도 공고를 내면 이력서가 쏟아져 들어와. 언제든 다른 사람으로 대체할 수 있다고."

가끔은 업무가 너무 많고 스트레스가 심해 팀장에게 이 문제를 돌려서 얘기하면 그는 한숨부터 쉬고는 정색하며 말했다.

"자네는 그게 문제야. 걸핏하면 야근 못 하겠다, 업무가 과중하다, 월급이 너무 적다고 그러는데 잘 생각해봐. 이게 다 배울 기회야. 나는 자네가 잠재력이 있다고 생각해서 더 키워주려고 많은 기회를 주는 걸 몰라?"

그 말을 들으면 내가 너무 불만이 많고 기회를 소중히 여기지 않는 것 같다는 생각이 들곤 했다. 하지만 어딘지 모르게 이상하다고 느껴져 반박하려 하면 딱히 할 말이 떠오르지 않았다.

한번은 정말 참을 수 없어 아무리 생각해도 업무량이 과한 것 같다고 항의했다. 그랬더니 팀장은 '감정 조절에 문제가 있다', '직장생활 부적응자'라고 하더니 '그러다가는 직장에서 도태될 것'이라는 막말을 내뱉었다.

정말 나한테 문제가 있는 걸까? 자기한테 문제가 있는 게 아니고?

다시 생각하고 싶지 않은 예전 남자친구는 사귀기 시작했을 때부터 간섭이 좀 심했다. 치마는 절대 입지 말라고 했고 화장도 못 하게 했다. 심지어는 친구들과 모임에도 못 나가게 하면서 꼭 가야한다면 자기와 같이 가라고 했다. 조금이라도 시간이 나면 무조건 자기와 보내길 바랐다. 만약 이대로 하지 않으면 심하게 화를 내며 자기를 중요하게 생각하지 않는다고 했고, 그가 나를 사랑하는 만큼 나는 그를 사랑하지 않는다며 몰아붙였다.

그는 한번 화가 나면 무섭게 돌변했다. 주먹으로 벽을 쳐서 피가 흐르는가 하면 장소를 가리지 않고 고함을 질러대 나를 난처하게 만들기 일쑤였다. 한바탕 싸움 끝에 상황을 정리하기 위해 그의 말대로 하겠다고 약속하면 언제 그랬냐는 듯 다시 다정한 모습으로 돌아와 내게 한없이 친절하고 따뜻하게 대해주었다.

사실 난 항상 무서웠다. 언제 그가 갑자기 '폭발'할지 몰랐기 때문에 최대한 그가 원하는 대로 들어주었다. 늘 그가 폭발하지는 않을까 신경을 곤두세워야 했다.

그런 연애를 이어가다 보니 점점 지쳐갔다. 헤어진 뒤 그와의 연애를 떠올리면 무서웠다는 것 외에 좋은 추억 따위는 떠오르지 않았다.

임신을 했다. 이 소식을 시어머니에게 전하자 직장은 그만두고 집에서 아이를 돌봤으면 하는 바람을 내비치셨다. 내 일을 무척 좋아하지만, 출산 후에는 집과 아이 돌보는 데 시간을 써야 한다는 어머님의 말도 일리는 있다고 생각했다. 하지만 아직 전업주부로 살 마음의 준비가 되어 있지 않았다. 그래서 먼저 두 달의 육아휴직을 신청했고, 쉬는 동안 초보 엄마로서 적응하면서 믿을 만한 어린이집을 찾은 뒤 직장에는 천천히 복귀할 생각이었다.

단 두 달만 육아휴직을 신청했고, 어린이집을 알아보고 있다는 소식을 들은 어머님은 크게 화를 내셨다. 그러면서 내가 '엄마로서의 책임을 다하지 않는다'는 둥, '정말 이기적이다'는 둥, '부모가 돼서 자기만 생각한다'는 등의 말을 쏟아내셨다. 심지어 내가 '아이의 미래를 망친다'고까지 하셨다.

이게 정말 그렇게까지 심각한 일인가? 어머님의 말을 듣고 반박하고 싶었지만, 화가 머리끝까지 차올라 흥분하시는 모습을 보자 '내가 정말 엄마의 책임을 다하지 않는 걸까? 내가 너무 이기적인가?' 하는 생각이 들었다.

지금까지의 이야기들이 익숙하게 느껴지는가? 혹시 당신의 일상에도 늘 일어나고 있는 일은 아닌지? 남의 부탁을 먼저 들어주느라 당신의 감정은 늘 뒷전이지는 않는가?

그렇다면, '그렇게 하지 않으면' 어떨까? 상대방의 부탁을 들어주지 않으면 비난 섞인 말과 행동으로 당신을 나무라는가? 그래서 당신은 절망감과 죄책감에 시달리다가 심지어 스스로를 쓸모없는 사람이라고 생각하는가? 마치 거미줄에 걸린 벌레처럼 그 감정에서 벗어나지 못하고 점점 옥죄어오는 고통에 발버둥 치듯이 말이다. 만약 그렇다면 자신에게 이 질문을 던져보고 가만히 생각해 보자.

'늘 남을 만족시키는 인생을 살고 있지는 않았을까……?'

이 질문에 그렇다고 생각된다면 이번에는 이렇게 질문해 보자.

'도대체 왜 내 인생을 걸어 다른 사람을 만족시켜주려고 하는 거지……?'

이 질문을 던졌다면 항상 '요구'하는 쪽은 상대방이었고, 그 요구를 '만족'시켜 주는 사람은 당신이었다는 사실이 점점 명확해질 것이다.

혹시 그의 부탁을 들어주지 않으면 엄청난 불행이 일어날 것 같은 느낌이 들지는 않았었나?

함께 살펴본 이야기들이 내 이야기라고 생각된다면 이미 '정서적 협박'의 굴레에 빠져든 것이다.

정서적 협박이란 무엇일까?

'정서적 협박emotional blackmail'이란 심리학자 수잔 포워드가 제시한 개념이다. 이는 부모와 자식, 직장, 부부, 친구 등 다양한 인간관계에서 흔히 볼 수 있다.

정서적 협박자는 부탁이나 위협, 압박이나 침묵 등의 직간접적 '협박'의 수단을 사용해 상대방이 좌절감이나 죄책감, 두려움과 같은 부정적 감정을 느끼도록 한다. 이런 감정들은 정서적 협박의 피해자들 마음속에 뿌리를 내리고 서서히 자라나 상처로 자리잡게 된다. 이런 불편하고 부정적인 감정을 없애기 위해 협박자의 요구에 순응하게 되는 것이다. 이것이 오랜 시간 반복되고 지속되면 하나의 악순환이 만들어진다. 협박자는 이 '무기'들을 이용해 피해자를 통제하고 그의 결정과 행동을 모두 지배하려 든다. 결국 피해자는 삶의 주도권을 잃어버린 채 자유와 능력을 모두 협박자에게 내어주고, 이 과정에서 '자아'는 남김없이 사라진다.

　심리상담을 시작한 후 정서적인 어려움을 겪고 있는 내담자들이 많이 찾아와 내게 도움을 요청했다. 어디서 그 어려움이 시작했는지 그들의 자아를 함께 살펴보면 많은 경우 '권력의 불평등'이라는 관계에 놓여있음을 알 수 있었다. 내담자 주변의 주요인물 가운데 반드시 한 명 이상은 정서적 협박을 하고 있었지만 협박을 당하는 내담자는 물론이고 협박을 하는 이 또한 모두가 그 사실을 전혀 알지 못했다.

　일단 상담을 시작하면 내담자들이 겪고 있는 감정적 어려움과 스트레스는 사실 특정한 관계에서부터 시작한다는 사실을 스스로 발견하도록 도왔다. 그러면 보통 내담자들은 깜짝 놀라며 이렇게 말한다.

"어떻게 이럴 수 있죠? 그 사람은 저에게 아주 잘해줘요. 저를 정말 아끼고 사랑해주는걸요. 그런 그가 저를 협박하고 있다고요? 말도 안 돼요. 그런데…… 우린 왜 여태껏 그 사실을 몰랐을까요?"

그렇다. 듣기에도 거북한 정서적 협박이라는 것은 '관계의 상호작용'에서 발생한다. '협박'은 피해자의 감정은 철저히 무시한 채 협박자의 욕망만을 채워주길 강요하는 행위다. 그런데 이 행위가 왜 중요한 관계에서 발생하는 걸까?

무서운 점은 협박자나 피해자 모두 과연 어디에 문제가 있는지 잘 알지 못한다는 사실이다. 왜 그럴까? 왜 우리는 이 행위의 상호작용을 알아차리고 고치지 못하는 걸까?

사실 그보다 더 중요한 건 이러한 상호작용이 대체 어떻게 시작되는가 하는 것이다.

당신이 협박의 피해자라면 이 점을 기억해야 한다. 협박을 하는 그는 당신이 죽든 살든 관심이 없다. 범죄영화에서 주인공을 협박하는 범인들은 오로지 원하는 것을 얻을 수 있는지에만 관심이 있지, 상대방이 죽든 살든 관심이 없듯 말이다. 그런데 현실에서 우리를 협박하는 그는 나에게 굉장히 중요한 사람이다. 그럼 그들은 왜, 어째서 나에게 그러는 걸까?

앞서 언급한 정서적 협박의 정의를 살펴본 뒤 당신과 주변인의 관계를 돌아보는 과정에서 이에 부합하는 상황을 발견했다면 이런 의구심이 일어날 것이다.

'정말 그 사람이 내 감정은 신경 쓰지 않는 걸까?', '나를 사랑하지 않는 걸까?', '내게 나쁜 뜻이 있는 걸까?', '나를 아프게 하려고 일부러 그러는 걸까?'

사실 협박을 하는 그들 대부분은 일부러 당신을 향해 나쁜 마음을 먹고 그러는 것은 아니다. 그저 자신이 원하는 것을 이루기 위해 습관적으로 그런 방식을 택해 목적을 이루려는 것뿐이다. 어쩌면 그런 협박이 당신을 힘들게 한다는 사실을 눈치채지 못했을 수도 있다. 심지어 '원하는 것을 이룰 수 없을지도 모른다는 두려움'에 빠져 자신의 이익을 지키기 위해 발톱을 휘두르느라 당신의 감정이나 상처 따위는 돌아볼 여유가 없을지도 모른다.

하지만 정서적 협박의 '악순환'이 끊어지지 않았던 이유는 당신 역시 협박을 알면서도 기꺼이 수용하고, 당신이 가진 '자원'을 제공해서 요구를 들어주었기 때문이다. 이로써 당신은 불안함을 없애고 잠깐의 평안을 얻었던 것이다.

기억하라. 이 '거래'는 당신이 협박을 '받아내야만' 성사된다는 사실을.

그러니 당신이 이 불평등한 협박의 관계에 놓여있다면 먼저 그 속에서 어떤 상호작용이 일어나고 있는지 살펴봐야 한다. 어디서부터 그 관계가 시작되었고 어떻게 지속되고 있는지, 또 그 관계에서 당신과 그는 어떤 역할을 하고 있는지 돌아봐야 한다. 이 말은 일방적으로 상대방에게 잘못을 덮어씌우라거나, 그는 나쁜 마음을 먹고 당신을 괴롭히려 한다는 뜻이 아니다. 당신을 협박하는 그는 어떤 방식으로 당신의 마음을 불편하게 만들었고, 어쩔 수 없이 부탁을 들어주게 해서 마음의 평안을 얻으려고 했는지 곰곰이 생각해 보자는 얘기다.

이제는 협박의 굴레에서 벗어나자

정서적 협박은 직장생활을 하거나 일상을 살아가면서 인간관계에서 흔히 볼 수 있는 문제적 행위이면서도 정작 당사자들은 그 사실을 잘 모른다는 것을 느꼈을 것이다. 그래서 첫 번째 부분에서는 먼저 정서적 협박의 유형을 알아보고, 어떤 식으로 진행되며 우리 정서에는 어떤 영향을 미치는지 살펴보고자 한다.

정서적 협박이 일어나는 여러 상황을 보고 나면 '그렇다면 왜 나는 협박을 받는 사람이 된 거지?'라는 궁금증이 생길 것이다. 그리고 어떤 감정이 정서적 협박의 악순환에 쉽게 빠지도록 만드는지 알고 싶어질 것이다. 이러한 내용을 이어지는 부분에 담았다.

물론 이 책을 통해서 내가 궁극적으로 기대하는 것은 정서적 협박이 당신에게 미치는 영향을 이해하고 분별하도록 도와 협박의 악순환에서 효과적으로 벗어날 수 있도록 하는 것이다. 그래서 마지막 부분에서는 정서적 협박에서 벗어나 건강한 감정선을 만드는 스킬을 소개하려 한다. 이로써 자신감을 얻고, 우리를 협박하는 그들을 향해 용감하게 맞서 빼앗겼던 인생의 주도권을 되찾아올 것이다.

1

어느새 나는
그의 덫에
빠져 있었다

정서적 협박은
어떻게 나를
옭아매는가?

● "여보세요? 나 이제 회의 들어가려고. 5분 뒤에 가야 해."
상치는 인내심을 가지고 남자친구에게 대답했다. 오늘로 벌
써 다섯 번째 남자친구와 통화 중이다.

남자친구는 집착이 심했다. 그녀의 일거수일투족을 시도
때도 없이 확인했다. 일단 그녀의 행방을 모르거나 연락이 되
지 않으면 받을 때까지 미친 듯이 전화를 걸었다. 그것도 아
니면 그녀의 회사와 집으로 연락해 결국에는 찾아내고 말았
다. 그러다 보니 회사 동료와 가족들은 그녀가 집착이 심하고
신경질적인 남자친구와 교제하고 있다는 사실을 금방 알게

되었다.

물론 그녀도 남자친구의 집착이 힘들었다. 때론 정말 참을 수 없을 지경이었다. 그래도 남자친구를 안심시키기 위해 그의 요구대로 걸려오는 전화는 최대한 모두 받아서 자신의 동선을 보고했다.

"너 힘들지 않니?"

친구는 이해되지 않는다는 표정으로 물었다. 뭐라 대답해야 할지 몰라 그저 쓴웃음만 지었다.

문득 예전에 이 문제로 남자친구와 얘기하다 싸운 기억이 떠올랐다. 당시 남자친구는 불같이 화를 내며 말했었다.

"내가 이러는 건 다 너 때문이야! 저번에 나 몰래 친구랑 클럽 갔었잖아. 나를 속이고, 말도 안 하고 그러니까 내가 이렇게 변한 거 아냐. 그러니까 나를 안심시키려면 잠자코 시키는 대로 해!"

물론 지난번에 그를 속이고 클럽에 간 것은 잘못한 일이었다. 하지만 그때는 오랜만에 외국에서 돌아온 친한 친구와의 약속이었다. 만약 만나지 못하면 마음에 걸려 두고두고 후회할 것 같았다. 하지만 남자친구는 '타락한 장소'라고 말하며 클럽을 극도로 싫어했다. 사실 엄밀히 따지자면 거기는 그냥 라운지 바였다. 그에게 같이 가자고 하자니 싫다고 할 것이

뻔했고, 혼자는 절대 보내 주지 않을 것 같았다. 친구와 남자친구를 모두 배려하려다 보니 결국 남자친구에게는 숨기고 혼자 다녀오는 쪽을 택한 것이다. 설마 알아차릴 것이라고는 생각지도 않았다.

그는 미친 듯 날뛰었다. 완전히 이성을 잃고 건물 옥상에서 뛰어내려 죽어버리겠다고 소리를 지르며 협박하는 통에 어찌할 바를 몰랐다.

"니가 나를 속였기 때문에 이러는 거야!"

그녀를 똑바로 바라보며 그가 말했다.

"그러니까 너는 나를 속이면 안 돼. 나한테는 숨김없이 다 말해!"

남자친구를 속였다는 죄책감도 힘들었지만 화만 나면 어김없이 이성을 잃고 죽겠다고 날뛰는 그의 모습을 보니 공포가 더해졌다.

그녀는 이후로 어쩔 수 없이 걸려오는 모든 전화를 최대한 받았고, 그가 또 광기 어린 모습으로 집이나 사무실에까지 쳐들어오는 일이 없도록 자신의 행방을 상세히 보고했다.

그렇게 오랫동안 협박의 공포 속에서 지내면서 점점 자신감이 사라지고 불행해지고 있음을 깨달았다. 남자친구를 향한 사랑은 식어갔고, 남은 것은 두려움과 공포뿐이었다.

●　여우치는 미칠 지경이었다.

오늘로 스물다섯 번째 생일을 맞은 그는 중대한 결심을 했다. 바로 오늘, 자신이 성 소수자라는 사실을 부모님께 말씀드리기로 한 것이다. 이건 매우 중요한 결정이었다. 사실 기독교 신앙을 가진 부모님께 게다가 외동아들인 자신이 커밍아웃을 한다는 건 웬만한 용기로는 되지 않는 일이었다. 하지만 올해는 꼭 애인과 결혼을 할 계획인 그로서는 이 사실을 말씀드리고 축복받고 싶었다. 이제 더는 자신이 이성애자인 듯 연기하지 않고 있는 그대로를 보여드리고 싶었다. 하지만 그가 용기를 내서 자신의 진심을 말씀드렸을 때 부모님의 반대는 생각보다 훨씬 더 심각했다.

어머니는 이성을 잃은 채 그에게 막말을 쏟아 부었다. '수치스럽다'는 말부터 시작해 어떻게 그런 '더러운' 일로 신앙과 이제껏 키워준 자신들의 얼굴에 먹칠을 할 수 있냐는 얘기였다. 어머니는 자신과 남편의 체면을 완전히 짓밟았다며 소리쳤다.

"넌 부끄럽지도 않니? 정말 내가 수치스러워서……."

심지어 어머니는 그냥 죽어버리겠다는 협박까지 했다.

"네가 만약 남자랑 결혼한다면, 그 더러운 일을 기어코 하겠다면 나는 그냥 죽어버릴 거야. 내가 어디 가서 확 혀라도 깨물고 죽어야 속이 시원하겠냐! 하긴, 내가 그렇게 죽어도 너는 어차피 신경도 안 쓰겠지!"

아버지는 어땠을까? 이성을 잃은 어머니 곁에서 얼굴이 잿빛으로 변한 아버지가 냉정하게 한마디 내뱉었다.

"지금까지 말 잘 듣는 효자인 줄로만 알았는데. 먹여주고, 입혀주고, 명문대까지 들여보내 먹고사는 걱정은 없게 키워놨더니 이런 식으로 보답하는구나."

너무 흥분한 나머지 가쁜 숨을 몰아쉬다 자칫하면 기절할 것 같은 어머니를 본 아버지는 급히 약을 가져와 먹였다. 그리고 다시 말을 보탰다.

"지금 어떤지 눈이 있으면 봐라. 네 엄마 심장병 있는 거 몰라? 정말 죽일 셈이냐?"

여우치는 정말 돌아버릴 것 같았다. 물론 부모님이 이토록 반대하는 것도 이해하지 못하는 건 아니었다. 신앙적으로도 받아들이기 힘드셨을 테다. 더군다나 외동아들이니 부모님이 실망하시는 건 어쩌면 당연한 일일지 모른다. 하지만 이렇게까지 심하게 화내실 줄은 미처 몰랐다. 마치 부모님이 시키는 대로 따르지 않으면 무조건 배은망덕한 자식이 되고, 수치스럽게 만드는 것 같았다. 심지어 부모님이 느끼는 충격이나 몸의 반응도 자신의 잘못이고 책임처럼 느껴졌다.

'그저 저 자신에게 충실하고 싶었을 뿐이에요. 제가 뭘 잘못했죠? 대체 왜 이러시는 거예요!'

그는 부모님께 이렇게 소리치고 싶었지만, 부모님이 받을 충격을 생각하니 단 한 마디도 입 밖으로 낼 수 없었다. 그는 그저 그 자리에 서서 아무런 말도 하지 못한 채 무거운 죄책감에 휩싸여 이성을 잃은 부모님이 쏟아내는 무차별적인 공격을 그대로 받아냈다.

혹시 이 이야기들이 어딘지 모르게 익숙한가? 사실 이 사례들은 전형적인 '정서적 협박'의 관계에서 볼 수 있는 일들이다.

앞의 두 사례는 한 가지 분명한 공통점이 존재한다. 바로 '내 말을 안 들었으니 벌을 받는 건 당연해'라는 생각이다.

먼저, 첫 번째 사례를 보자. 사실 남자친구의 집착은 이미 일반인이라면 결코 참을 수 없는 지경에 이르렀다. 하지만 상치는 열심히 남자친구의 요구를 들어주고 있었다. 그녀는 늘 자기 생각을 버리고 남자친구의 '불같은 성질' 앞에서 타협했다. 하지만 남자친구는 그녀가 친한 친구를 배려해 자신을 속였다는 사실을 알자 즉시 그녀에게 '나쁜 여자친구', '거짓말쟁이'라는 타이틀을 달았다. 나아가 그는 이것이 그녀의 삶을 통제해야 하는 '합리적' 근거라 여기며 "네가 말을 안 들어서 집착하게 됐잖아. 내가 화내고 실망하는 건 모두 네 잘못이야. 그러니 넌 하라는 대로 해야 해."라고 요구했다.

두 번째 사례도 마찬가지다. 여우치의 부모가 아들의 성적 취향을 인정하지 않는 이유는 아들이 자신을 '실망'시켰고 그의 커밍아웃은 '기대를 저버리는 일'이기 때문이다. 부모는 아들이 이성애자이길 바랐고 '사회의 정상적 궤도'로 돌아와 부모의 기대에 부응하길 원했다.

아들이 '진짜 자신'을 드러내는 것은 부모가 보기엔 '나쁜 아들'이 되는 것과 같았다. 그런 나쁜 아들은 부모를 실망과 상처, 분노와 슬픔 속에 빠뜨리고 심지어 호흡곤란까지 일으켰으며 나아가 친척들과 친구들로부터 견딜 수 없이 따가운 눈초리를 받게 할 터였다. 부모는 이런 일련의 결과가 '온전히 아들의 잘못'이라고 생각했다.

다시 첫 번째 사례로 돌아가자. 상치의 남자친구는 사회적 가치관에서 용납되지 않는 '거짓말'을 처벌의 근거로 삼았다. 그래서 그는 '나를 속였으니까 이렇게 해도 돼. 너를 통제하는 건 당연한 거야. 나를 속였으니 나도 널 믿지 못하는 거야'라는 생각을 당연시하고 있다.

우리는 어렸을 때부터 '정직'이 옳은 것이고 '거짓말'은 나쁜 것이라고 배웠다. 따라서 만약 누군가 거짓말을 하면 그 일은 관계에 영향을 미치고 감정을 상하게 한다. 그래서 상치의 남자친구는 '너는 거짓말쟁이'라는 타이틀을 그녀에게 씌운 뒤 죄책감으로 그녀를 옭아맨 다음 자신의 명령에 따라 수동적으로 움직이도록 조종했다.

감정이나 관계를 상하게 하는 것은 비단 거짓말뿐만이 아니다. 자신의 요구만 일방적으로 관철시키려다가 상대방의 감정을 살피지 못해도 관계를 망칠 수 있다. 하지만 남자친구는 자신의 입장만 생각했기 때문에 그녀의 감정을 챙기지 못했고, 자신의 원칙만을 무차별적으로 강요한 나머지 그것이 그녀를 힘들게 하는 족쇄가 되었다는 사실을 알지 못했다.

두 번째 사례 속의 여우치 역시 비슷한 상황을 마주하고 있다. 커밍아웃은 문화와 종교, 나아가 '주류 가치관'에까지 영향을 주는 일이었다.

동양권의 전통적인 문화에는 아들이 대를 잇는 풍습이 존재한다. 특히나 여우치 같이 외동아들이라면 적당한 때에 결혼하고 아이를 낳아 부모의 걱정을 덜어주어야 효자 노릇을 할 수 있다. 대를 잇는 일과 부모 말을 잘 들어야 효자라는 생각 같은

'주류' 문화와 동성애는 절대 안 된다는 기독교 교리는 여우치의 부모가 아들에게 '우리의 가치관대로 살아야 해'라고 강요하는 주요 '근거'가 되었다. 이런 가치관이 그를 옥죄었고 무거운 죄책감에 휩싸여 헤어 나오지 못하게 만들었다. 그래서 그는 좌절과 슬픔, 분노를 느끼는 동시에 결국 '동성애는 잘못된 일'이라는 생각을 하게 됐다.

그의 이런 감정은 사실 '나 자신'에 대한 수치심과 '동성애는 나쁜 것'이며 '커밍아웃은 옳지 않은 일'이라는 생각에서 비롯된다. 그래서 그의 자존감은 바닥으로 추락했다. 만약 그가 자아를 회복할 방법을 찾지 못한다면 '진짜 자신'을 지속하지 못한 채 부모의 가치관에 순응할 수밖에 없다. 그렇게 부모의 바람대로 살아가면 인정받는 느낌이 들고 잠시나마 '착한 자아'가 되었다는 위안을 얻을 수 있기 때문이다.

상치의 남자친구와 여우치의 부모 모두 융통성 없는 자기만의 '경직된' 원칙에만 몰두하고 있기 때문에 그 원칙이 깨질 경우 내면에 거대한 두려움이 몰려옴을 느낀다, 하지만 그들은 두려움을 스스로 처리하지 못한다. 오히려 상대방을 통제함으로써 자신의 가치관과 원칙을 따라주어 그 공포감을 없애주길 바라는 것이다. 그래서 그들은 계속 '내가 느끼는 감정은 너의

잘못으로 생긴 거야. 그러니 네가 내 감정을 책임져야 해!'라고
하게 된다.

이렇듯 정서적 협박자는 하나같이 상대방에게 자신의 감
정을 책임지라고 강요하는 모습을 보인다.

협박을 받는 쪽은 과도하게 반응하는 협박자를 보며 어쩔
수 없이 그 요구에 순응하고, 심지어 '마땅히 그의 감정을 책임
져야 한다'고 설득 당한다. 결국 이런 식으로 정서적 협박의 악
순환이 이어지는 것이다.

정서적 협박의 6단계

앞의 두 사례를 통해 '정서적 협
박'에 대해 어느 정도 이해했으리라 본다. 더욱 정확한 이해를
위해 한 가지 사례를 더 소개하려 한다.

● 웨이팅은 이제 막 회사에 취직한 사회 초년생이다. 뛰어
난 성적 덕분에 졸업하기 전에 면접 기회를 얻을 수 있었다.
당시 면접관이었던 웨이룬 부장은 상냥하고 온화했다. 그는

입이 마르도록 칭찬하면서 하루빨리 자기 팀에 들어와 함께 일했으면 한다고 말했다. 그녀가 제시한 조건에 대해서도 흔쾌히 동의하며 그렇게 해주겠노라 약속했다. 부장의 칭찬에 그녀는 기분이 좋았다. 자신이 정말 운이 좋은 사람인 듯 느껴졌고 빨리 일을 시작하고 싶었다.

그녀는 회사에 들어간 뒤 열심히 일했다. 하지만 부장과 함께 지내면서 어딘가 이상하다는 느낌을 지울 수 없었다. 면접 당시 업무와 처우에 관련된 사항을 몇 번이고 확인했었다. 그녀는 자신이 할 수 있는 업무의 범위와 요구에 관해 분명히 말했었다. 그 말에 부장은 "알겠습니다, 문제없어요. 그건 회사가 당연히 보장해주어야 하는 부분이죠. 업무와 관련해서는 웨이팅 씨가 맡은 일만 처리해주면 됩니다."라고 대답했었다. 그래서 부하 직원을 잘 챙겨주는 상사를 만나 행운이라고까지 생각했다. 그랬던 부장의 태도는 일을 시작한 뒤로 면접 때와는 사뭇 다르다고 느꼈던 것이다.

부장은 그녀의 일이 아닌 다른 업무를 조금씩 맡기기 시작했다. 때로는 그가 해야 할 일을 떠넘기기도 했고 심지어 부수적인 출장과 야근도 요구했다. 그녀가 난색을 보이거나 거절하면 반응을 살피며 이렇게 말했다.

"웨이팅 씨, 이제 막 업무를 시작했으니 회사에 적극적으로 협조하면서 경험을 쌓아야 하지 않겠어요? 우리 회사에 들어온 게 얼마나 큰 행운인지 몰라서 그래요? 지금 여기 들어오고 싶어 하는 젊은이들이 밖에 줄을 섰어요. 이런 기회를 소중히 여길 줄 알아야지."

심지어 '노력이 부족하다'며 '그런 식으로 하다간 다른 사람으로 대체할 수도 있다'고까지 했다. '지금처럼 경쟁이 치열한 상황에서 그만큼 월급을 받아가는 것도 감사할 줄 알라'는 말도 덧붙였다.

웨이팅은 이런 말을 들을 때마다 엄청난 스트레스를 받았다. 사실 그녀도 나름대로 열심히 일하고 있었다. 하지만 지금의 모든 상황은 면접 때의 약속과 다르다는 사실을 조금씩 발견했다. 이 일로 부장에게 상담을 요청하면 겉으로는 이야기를 잘 들어주고 개선해 줄 것처럼 말했다. 하지만 그녀가 느끼기에는 자신의 마음을 잘 헤아려주지 않는 듯했다. 부장의 태도나 말이 그녀에게 스트레스가 되는 걸 보면 알 수 있었다.

한번은 그녀가 들으라는 듯이 이렇게 비아냥댔다.

"참, 지금 젊은이들은 팔자도 좋아. 자기는 이런 처우를 원한다, 복지는 이렇게 해 달라는 둥 하고 싶은 말을 다 하니 말이야. 우리 때는 그런 게 어디 있어. 그냥 까라면 까는 거지. 지금은 무슨 말들이 그렇게 많은지 원······."

부장은 이런 말들로 그녀를 대놓고 비난하기도 했다.

"자네는 딸기족이야."

"요즘 젊은이들을 보면 말이야, 고생은 죽도록 싫어하면서 권리는 어떻게든 챙기려고 든다니까."

부장의 말에 그녀는 상처를 받았다. 자신은 '딸기족'(차오메이주草莓族, 1981년 이후 출생한 2~30대 젊은이를 가리키는 말로, 힘든 것을 견디지 못하는 세태를 겉은 신선하고 예쁘지만 살짝만 건드려도 물러버리는 딸기에 빗댄 신조어 _역주)도 아니었고, 힘든 일을 참아내지 못하는 스타일도 아니었다. 어떻게든 내 권리만 찾아 먹으려는 그런 이기적인 사람도 아니었다. 단지 지금 일어나는 상황이 면접 당시 했던 약속과 '다르기' 때문에 명확히 하고 싶었을 뿐이었다. 하지만 그러면서도 자신이 정말로 너무 계산적인 건 아닌지, 노력이 부족한 건 아닌지, 진짜 힘든 일은 피해가려고만 하는 건지 반문하기도 했다.

원하던 직장생활과 현실의 차이에서 오는 괴리감을 어떻게든 이겨보려고 노력하던 그때 일이 벌어졌다. 갑자기 부장은 당장 이틀 뒤에 2주 동안 해외로 출장을 다녀오라고 했다.

원래 그 출장은 부장의 업무였다. 집안에 중요한 일이 생긴데다 업무상 자리를 비울 수 없다는 이유로 자신을 대신해 다녀오라고 지시한 것이다.

웨이팅은 그런 지시가 너무 갑작스럽게 느껴졌다. 출장을 가서 만나야 할 고객은 자신의 고객도 아니었다. 게다가 다뤄본 적 없는 업무였기에 혹여 실수로 일을 그르칠까 걱정됐다. 결국 고민 끝에 부장에게 출장을 가기 힘들 것 같다고 말했다. 그러자 부장은 예상보다 훨씬 더 심하게 화를 냈다. 화가 난 그는 막말을 쏟아 부었다.

"이렇게까지 불성실한 사람이었어? 그렇게 나태하게 일하다간 밀려날 거야. 성공하긴 글렀어."

그러고는 협박 섞인 말까지 더했다.

"내가 자네를 좋게 봐서 강력히 추천한 덕분에 여기 들어온 건 알고 있지? 그런데 이런 식으로 일할 줄 몰랐어. 아직 인턴 기간이지? 계속 그런 식으로 일하겠다면 인턴도 무사히 마칠지 장담을 못 하지. 알아서 잘 생각해!"

그녀는 딜레마에 빠진 것 같았다. 그 일을 잘 해낼 자신이 없어 걱정되는 한편 부장의 말처럼 자신의 태도가 정말 나태한 건지, 노력이 부족한 건 아닌지 의구심이 들었다. 그렇다고 출장을 가자니 너무 억지스러웠다. 더군다나 그 기간에 해야 할 다른 일도 있었다. 안 간다고 하자니 힘들게 들어온 회사에서 쫓겨날 수도 있었다.

부장의 말들은 아무리 되새겨 봐도 너무 억울했다. 하지만 지시에 따르지 않으면 인턴도 무사히 마치기 힘들지도 몰랐다. 고민 끝에 결국 출장을 가겠다고 말했지만 그 일을 잘 해낼 자신은 없었다.

웨이팅의 모습은 많은 이들이 직장에서 흔히 접할 수 있다. 그렇다면 여기서 정서적 협박에 대해 더욱 명확하고 상세한 이해를 돕기 위해 수잔 포워드가《사랑하는 사람이 나를 조종할 때》에서 설명한 정서적 협박의 6단계(요구→저항→압박→위협→굴복→반복)를 바탕으로 분석해 보고자 한다.

1단계 : 요구demand

웨이룬 부장은 웨이팅의 입사 이후 줄곧 '더 많은 업무처리'를 요구했다. 거기에는 부장 자신의 업무도 포함되어 있었고 애초에 약속했던 업무가 아닌 다른 일도 포함되어 있었다.

사람들 간의 관계에서, 특히 직장에서는 내 업무 외에 다른 일을 요구받거나 중요한 사람이 부탁하는 일이 비일비재하다. 물론 모든 부탁이나 요구가 정서적 협박에 해당하진 않는다.

때로는 서로의 필요에 의해서 사적인 일이나 업무 등을 부탁하기도 한다. 둘의 가장 큰 차이점은 이것이다. 정서적 협박은 오로지 자기 생각만 고집한 채 뜻을 굽힐 의지가 전혀 없다. 그리고 상대방의 감정이나 마음은 전혀 고려하지 않으면서 목적을 이루기 위해 수단과 방법을 가리지 않는다는 데 있다.

2단계 : 저항 resistance

웨이팅도 계속되는 과도한 지시 앞에서 처음에는 반대 의사를 말하고 바로 받아들이지 않았다. 난색을 표했고 불합리하다는 생각도 했다. 또 면접 당시 약속했던 내용과 '다른' 부분에 관해 부장에게 확인하려고 했다. 그렇지만 직접 거절을 표시한 건 아니었다. 즉, 자신의 직속 상사임을 고려해 그저 의문만 제시했을 뿐 면전에서 직접 'NO'라고 말하진 않았다.

3단계 : 압박 pressure

웨이룬 부장은 자신의 요구를 그대로 수용하지 않고 '저항'한다는 사실을 발견하고는 웨이팅과 대화로 해결하거나 감정을 이해하려 하지 않았다. 반대로 특정한 말을 통해 '압박'을 가했다. "웨이팅 씨, 이제 막 업무를 시작했으니 회사에 적극적으로 협조하면서 경험을 쌓아야 하지 않겠어요? … 이런 기회를 소중히 여길 줄 알아야지."라고 말한다든가, 그녀가 노력이 부족하다고 지적했다. 또한 그런 식으로 하다간 다른 사람으로 대체할 수도 있으며 지금처럼 경쟁이 치열한 상황에서 그만큼의 월급을 받아가는 것도 감사할 줄 알라고 말한 것이 그 예다.

부장의 이런 말들에는 사실 '다 너를 위한 거야. 그러니 내 말을 들어'라는 생각이 숨겨져 있다. 심지어 그는 질책과 비난을 통해 그녀가 스스로 '내 생각이 틀렸나 봐', '내 감정은 중요하지 않아'라는 착각을 하게 만들어 자신의 목적을 달성하고자 했다.

4단계 : 위협threat

웨이룬 부장은 웨이팅의 '저항'을 보면서 자기 뜻을 '거스르고' 있다는 사실을 발견했다. 이를 꺾기 위해 압박과 동시에 특정 언어와 방식으로 그녀를 위협했다. 예를 들면 "내가 자네를 좋게 봐서 강력히 추천한 덕분에 여기 들어온 건 알고 있지? … 계속 그런 식으로 일하겠다면 인턴도 무사히 마칠지 장담을 못 하지. 알아서 잘 생각해!"와 같은 말이다.

그는 이런 말로 죄책감을 안겨주었다. 그녀에게 이 직장이 얼마나 중요한지 알고 있었기 때문에 위협을 통해 '내 말대로 하지 않는다면 소중히 여기는 이 직장을 잃게 될 거야'라는 뜻을 암시했다.

사실 정서적 협박자는 상대방이 무엇을 가장 중요하게 생각하는지 너무도 잘 알고 있다. 따라서 일단 자신의 바람대로 움직이지 않으면 괴롭히는 동시에 가장 소중히 여기고 잃을까 두려워하는 것을 빼앗겠다는 위협을 가한다. 거기에는 관계나 직업, 돈이나 성공, 명예와 같은 것이 있다. 즉 피해자들의 '안정감'을 위협함으로써 불안과 공포를 조성한다.

5단계 : 굴복 compliance

웨이룬 부장의 위협으로 웨이팅은 두려움과 불안을 느꼈다. 이를 극복하기 위해서는 그의 말에 따라야 하고 그래야만 안정감을 되찾고 일자리를 지킬 수 있다고 생각했다. 또 자신의 능력을 마음껏 발휘하고 그와 좋은 관계를 유지하는 것이 '기대'에 부응하는 길이라고 여겼다. 그러니 결국 그에게 굴복하고 원하는 방식대로 따르게 될 것이다. 그렇게 되면 두 사람은 겉으로 보기에는 좋은 관계를 유지할 수 있고, 부장 역시 예전의 다정하고 온화했던 모습으로 돌아가 인센티브나 다른 보상으로 그녀를 격려할 것이다.

6단계 : 반복 repetition

웨이룬 부장은 시간이 갈수록 웨이팅이 무엇을 가장 소중히 여기고 어떤 방법과 말로 위협하면 효과적으로 자신을 따르게 할 수 있을지 명확히 알게 될 것이다. 따라서 앞의 이야기와 같은 문제가 일어나면 그는 무기들을 사용해 다시금 굴복시키고 요구를 들어주도록 조종할 것이다.

안타까운 점은 그녀가 굴복할 때마다 부장에게 또다른 협박의 기술을 터득하고 발전시킬 기회를 제공한다는 사실이다. 그의 기술은 날마다 정교해질 것이며 그녀는 이 반복되는 협박의 굴레에서 벗어나지 못한 채 어쩔 수 없이 그의 요구를 들어줄 수밖에 없게 될 것이다.

그들은
'책임'과 '당연히'라는
덫을 들고 다가온다

생각해보면 정서적 협박은 세 가지 중요한 요소와 깊은 연관이 있다. 바로 자존감과 죄책감, 그리고 불안감이다. 정서적 협박자는 피해자를 비난하거나 능력을 평가 절하해 자존감에 상처를 내고 죄책감을 불러일으켜 불안함을 느끼게 하는 데 선수다.

비난하고 평가 절하하기

자신의 요구가 받아들여지지 않는다는 사실을 발견한 정서적 협박자는 특정한 방법을 동원하기 시작한다. 그것을 통해 협박의 피해자가 자신의 판단력에 문제가 있다고 여기게 만든다. 심지어 자기 방식대로 하지 않는 것은 큰 잘못이고 그것은 피해자의 성격적 결함이나 판단력 부족, 게으름, 능력 부족 등에서 비롯된 결과인 듯 몰아간다. 여러 수단과 방법을 동원해 '네 생각은 틀렸어'라고 한다. 그리고 갖은 이유를 붙여 미화한 뒤 '내 생각이 맞아'라고 끊임없이 주장한다.

협박자는 많은 경우 근거를 들어 설득하려 한다. 그런데 협박자에는 직장상사나 부모, 선생님과 같이 권위를 가진 사람들이 다수 존재한다. 그렇기 때문에 협박자가 적극적으로 피해자의 감정이나 생각을 부정하고 나아가 성격이나 능력, 판단력을 지적하고 비난하게 되면 피해자는 어느새 자신의 생각에 의구심을 품게 된다. 결국 '어쩌면 저 사람 말이 맞을지도 몰라'라며 생각하는 지경에까지 이르게 된다. '그 사람 말대로 하지 않는 건 내 잘못이야', '그 사람의 판단이 나보다 훨씬 정확할 수 있어', '내 생각은 틀린 걸지도 몰라' 같은 생각이 은연중에 심어지는 것이다.

이런 과정을 지나면서 정서적 협박의 피해자들은 결국 자기보다 협박자의 기분을 더 중시하고 신경 쓰게 된다. 그리고 피해자는 자신의 생각과 감정을 점점 홀대하게 되어 시간이 지날수록 가치관은 사라지고 자존감이 낮아지며 결국에는 자신감이 없어지고 만다.

정서적 협박의 반복 가운데 가장 치명적인 함정은 피해자의 능력에 대한 비난이나 무시다. 비난을 받으면 스스로 하찮다고 여겨 더 나은 모습을 보여주기 위해 '내 말대로 하면 인정해줄게'라는 협박자가 던지는 미끼를 덥석 물어버리기 때문이다.

여기서 협박자가 말하는 인정이란 말로 하는 칭찬의 모습이기도, 분노를 참아주는 상황일 수도 있고 때로는 물질적인 격려가 되기도 한다. 비난과 멸시로 스스로를 하찮다고 생각하던 피해자는 '괜찮은 사람'이 되었다고 느낄 수 있는 유일한 방법은 그가 요구한 대로 따라주는 것이다. 협박자의 비난과 무시라는 요소가 정서적 협박에서 이토록 중요한 이유가 여기 있다.

"다 너를 위해서야"

보통 정서적 협박자는 피해자와 일정한 관계를 맺고 있는 경우가 많다. 이것이 일반적인 협박자와 비교했을 때 가장 큰 차이점이다. 정서적 협박자는 우리의 상사나 부하직원, 직장동료일 수도 있고 부모님이나 자녀, 친척이나 가족이 될 수도 있으며 나아가 배우자나 친구가 될 수도 있다. 일반적인 협박자와 또 다른 점은 상대방의 죄책감을 유발해 협박의 굴레에서 벗어날 수 없도록 만든다는 데 있다.

그렇다면 어떤 식으로 상대방의 죄책감을 유발할까? 그들은 먼저 비난한 뒤 특정한 언어와 깎아내리는 말을 섞어서 사용한다. 예를 들어 살펴보자.

"이게 다 너를 위해 그런 거야."
"너를 그렇게 위해줬는데 기어코 내 말을 안 듣는구나."
"정말 좋게 봤는데…… 이렇게 실망시킬 줄이야."
"이런 부탁도 못 들어줘? 날 사랑하지 않는 거야?"
"시키는 대로 안 해서 이 지경이 됐잖아. 다른 사람들이 알면 뭐라고 생각하겠어? 얼굴을 들고 다닐 수가 없네."

사실 위의 말들에는 하나같이 '너한테 그렇게 잘해줬는데 어떻게 내 말을 안 들을 수 있어?'라는 생각이 들어있다. 협박자는 이런 말들을 통해 피해자 스스로 '나는 정말 형편없어'라는 생각을 하게 만든다. 만약 지금 누군가와 관계를 맺으며 위와 같은 말을 듣고 있는가? 그리고 스스로 쓸모없다고 생각하고 있는가? 그렇다면 그건 큰 착각이다.

한편 협박자는 계속해서 '내 요구를 들어줄 책임과 의무가 있다'고 주입하며 요구에 따랐을 때만 정말 좋은 사람이라고 여겨준다. 그리고 그것은 '당연한 일'이라 말한다. 그들은 피해자의 자존감을 무너뜨려 자신감을 잃게 만들고 거기에다 죄책감도 유발해 그들 스스로 '쓸모없는 존재'라는 생각이 커지도록 만드는 것이다.

정서적 협박의 피해자는 '넌 이렇게 해야 해'라는 질책과 강요를 속수무책으로 받아낸다. 그러면서 '내가 틀렸어', '역시 나는 형편없는 사람이야', '그를 실망시켰어' 같은 생각을 하게 된다. 그러다 보면 기분은 바닥으로 곤두박질치고 걱정에 휩싸이고 만다. 심해지면 완전한 무기력증에 빠지게 된다. 이럴 때 협박자는 자신의 기준이나 요구를 제시하면서 그대로 따라주길 강요한다. '이대로만 하면 넌 정말 멋진 사람이 되는 거야'라는 미끼를 무는 순간 유혹에 넘어가 결국 헤어나기 힘든 굴레 속에 빠진다.

자존감이 낮아진 피해자에게는 협박자들의 인정과 긍정이 잠시 동안 정서적으로 숨을 쉴 수 있게 해주는 '구명보트' 같은 역할을 한다. '좀 더 나은 나'가 되고 싶고 '쓸모없는 인간'이라는 생각에서 벗어나고 싶은 마음에 협박자가 풀어놓은 '좋은 해결법'이라는 미끼를 물게 된다. 그리고 협박자가 원하는 대로

행동함으로써 좋은 평가를 받아낸다. 그러는 사이 원래 자신이
추구하던 가치관은 점점 사라지게 된다. 이렇게 협박자는 목적
을 달성한다.

불안감 조성하기

정서적 협박자 중 일부는 앞에서
말한 방법 말고도 피해자가 가장 소중히 여기는 것을 위협하는
방식으로 협박하기도 한다.

"내 말을 듣지 않을 거라면, 우리 헤어져."
"그놈이랑 결혼하겠다면 이제 넌 내 자식 아니다."
"네가 그렇게 하면 확 죽어버릴 거야."
"자네 뜻이 정 그렇다면, 더는 이 회사에서 일할 수 없네."
"내 말대로 하지 않으면 명예도 지위도 다 잃게 될 거야."

앞에서 말한 것처럼 피해자가 무엇을 가장 소중히 여기는
지 협박자는 너무도 잘 알고 있다. 그렇기에 그것을 위협해 불안
감을 조성하는 것이다. 그렇게 불안감을 인질로 삼아 그 인질을
풀어줄 해결책이 자기 손에 있는 듯 말하고 행동한다. 인질을 풀

어주길 원한다면 자신이 요구하는 대로 순순히 따라야만 한다고 강요하는 것이다. 바로 이런 점 때문에 정서적 '협박'이라 부르는 것이다.

협박자들은 자칫하면 가장 중요한 것을 잃을 수 있다고 위협하며 불안과 두려움에 떨게 한다. 자기 말을 따라야만 그 공포와 불안에서 벗어나 안정을 찾을 수 있다고 말한다.

아이러니하게도 불안감은 피해자의 약점인 경우가 많아서 협박자는 이 점을 교묘하게 이용한다. 한 번 협박에 성공하면 그들은 그 쾌감을 잊지 못하고 상대방에게 점점 더 많은 것을 요구하게 된다. 피해자는 한 걸음씩 양보하는 과정에서 결국 자아와 행복을 모두 잃어버린다.

어떤가? 세 가지 요소에 대해 확실히 이해했는가? 간단히 말하자면 정서적 협박자가 피해자에게 던지는 메시지는 하나로 정리된다.

넌 내 말대로 해서 더 좋은 사람이 되어야 해.

협박자는 피해자가 자신의 말에 순종해서 '더 좋은 사람'이 되는 모습을 보여줄 의무가 있다고 생각한다. 하지만 '더 좋은'이란 협박자가 스스로 정한, 그만의 기준이다. 또한 협박자는 부정적인 감정을 지나치게 확대해 이 세 가지 요소를 효과적으로 포장한다. 부정적 감정에 집중한 나머지 감정의 경계선이 모호해진 피해자는 심리적으로 엄청난 압박을 받아 협박자의 감정을 책임져야 한다는 부담을 느끼게 된다. 마침내 협박자는 자신이 원하는 것을 얻게 되고, 피해자는 요구대로 움직이는 꼭두각시로 변하고 만다.

협박자들은
대체 왜, 무엇 때문에
그럴까?

정서적 협박의 피해자는 어떻게 주변 사람들이 협박자가 되는지 이해하지 못한다. 대체 왜 그들은 자신의 생각을 강요하는지 이해할 수 없다. 그것도 사랑하는 가족이나 배우자, 친한 친구나 직속상사 혹은 동료처럼 깊은 관계를 맺고 있는 사람들이 말이다. 그렇다면 정서적 협박자는 도대체 무슨 생각을 하며 어떤 특징이 있을까?

거절로부터 시작되는
견딜 수 없는 감정들

● 예전에 다녔던 회사에서 옆에 앉았던 동료는 늘 업무가

너무 많다며 불만을 토로했다. 그녀는 팀장이 가혹할 정도로 자기에게 일을 시킨다고 했다. 그 바람에 정시에 퇴근을 못 하니 유치원에서 기다릴 아이를 데리러 갈 수 없다고 했다. 뒤늦게 도착해보면 아이는 매번 텅 빈 유치원에서 자기가 오기만을 기다린다는 것이었다.

한번은 일이 있어 일찍 퇴근해 아이를 데리러 가야 하니 회의에 대신 들어가 달라고 부탁했다. 평소에 그녀가 얼마나 힘들어하는지 잘 알고 있었다. 매번 부랴부랴 짐을 챙겨 아이를 데리러 가는 모습을 보며 불쌍하다는 생각도 했었다. 친분이 있었던 터라 흔쾌히 부탁을 들어주었다.

그런데 이게 웬일인가. 그날 이후로 그녀는 퇴근 직전에 자기가 할 업무를 내게 미루기 시작했다. 대부분의 이유는 일찍 퇴근해 아이를 데리러 가야 한다는 것이었다. 그날 하루만 도와주려던 것이 결과적으로 정시 퇴근을 막는 골칫거리가 되어 버렸다. 그런데 그녀는 분명 업무를 다 끝내지 못할 걸 알면서도 딴 짓을 하거나 수다를 떨고 심지어는 인터넷 쇼핑을 하는 게 아닌가? 그러면서 마무리하지 못한 일을 내게 떠넘기고 '아이를 데리러 가야 한다'며 도와달라고 부탁을 했다.

한번은 정말 참지 못하고 또 부탁하려는 그녀에게 마음을 단단히 먹고 용기를 내어 거절했다. 그런데 어처구니없는 일이 벌어졌다. 그녀는 다른 동료들이 모두 보는 그 자리에서 내게 화를 내는 게 아닌가! 그러면서 한다는 말은 귀를 의심케 했다. 내가 업무 시간에 딴 짓할 궁리만 하고 어떻게든 일을 안 하려고 하는 데다 성격도 소심하고 근무 태도도 불성실하다는 것이었다. 게다가 너무 이기적이어서 다른 사람은 조금도 배려를 안 하니 지금껏 노처녀로 남았다는 막말을 쏟아냈다.

어떤가? 이 상황이 어이없게 느껴지는가? 어째서 다른 사람의 호의를 마땅한 권리라 여기는지 이해할 수 없는가? 심지어 '나를 돕지 않는 건 나한테 빚을 지는 거나 다름없다'고 생각하는 그녀의 태도에 화가 나는가? 대체 왜 이런 일이 일어날까?

이 사례를 통해 우리는 정서적 협박자와 피해자의 사고방식과 내면세계에는 확연한 차이가 있음을 알 수 있다. 두 사람의 내면세계가 너무도 다르기에 서로의 요구를 말할 때 다른 의견을 내놓으며 부딪칠 수밖에 없다.

사람들과 관계를 맺다 보면 누군가에게 부탁이나 요청을 하는 일은 흔히 일어난다. 앞에서도 말했듯, 그러한 행위 모두가 정서적 협박에 해당하지 않고, 요청하는 모든 사람이 협박을 하지는 않는다. 그렇다면 과연 정서적 협박자와 그렇지 않은 사람의 차이는 어디에 있는 걸까?

대다수 정서적 협박자는 원하는 것이 서로 충돌할 때 상대방의 감정과 생각을 무시하면서도 자연스레 자기의 요구가 얼마나 급하고 중요한지 확대한다는 특징이 있다.

사실 그들은 자신과 타인의 요구가 서로 맞지 않아 심리적 압박을 느끼면 초조해하고 불안에 휩싸인다. 자신의 요구를 확대하는 것은 이런 불안을 없애기 위해서다. 거기서 더 나아가 자신이 느끼는 심리적 압박과 초조함을 피해자에게 전가하고, 이를 통해 자신이 원하는 바를 들어주도록 해 초조함을 없애고 불안함을 덜어내려 한다.

그렇기에 이 사례 속 동료처럼 좋은 마음으로 도와줬던 것을 합리화해 자신의 요구를 들어주는 것이 당연한 듯 여긴다. 반대로 거절당하면 나쁘고 이기적인 사람이라 간주하게 된다. 그들은 '어떻게 내 부탁을 무례하게 거절할 수 있지? 정말 나쁜 사람이야'라는 생각을 하는데 이는 일반적인 사람이라면 이해할 수 없는 감정이고 이해할 수 없는 사고의 결과다.

정서적 협박자의 또 다른 특징은 거절을 참아내는 능력이 매우 약하다는 점이다. 살펴본 사례의 동료처럼 부탁을 거절당하면 그의 어려움은 생각하지 않은 채 오히려 '수치스럽고 분한 감정'을 느낀 나머지 도리어 화를 내고 막말을 한다. 상대방이 자신의 부탁을 거절하는 것은 곧 자신을 거절하는 것과 같다고 생각하기 때문이다. 여기서 주목할 필요가 있는 것은, '수치스럽고 분한 감정'을 느꼈다는 표현이다.

우리는 어린 시절에 실패를 경험하거나 뜻대로 되지 않는 관계 속에서 조금씩 좌절감을 느끼고 극복하는 법을 배워간다. 감정의 경계가 뚜렷한 부모로부터 양육 받으면 건강한 상호작용을 통해 나의 모든 요구가 이뤄질 수 없고 때로는 거절당할 수 있다는 사실을 배우게 된다. 그건 부모님이 나를 사랑하지 않아서가 아니라는 것 또한 배운다. 부모님이 내 요구를 거절한다고 해서 친밀한 관계까지 거절하고, 나를 미워하는 것이 아니라는 사실을 깨닫는 것이다.

그런데 감정의 경계가 불분명한 부모로부터 양육 받았거나, 징계의 개념으로 요구가 거절되었고 보상의 개념으로 요구가 받아들여졌다면 얘기는 달라진다. 혹은, 어떤 상황에서든 요구가 모두 받아들여졌거나 좌절을 피해가도록 모든 장애 요소를 제거한 온실 같은 환경에서 성장한 경우에도 그렇다.

훗날 이 아이는 어떤 부탁을 거절당하면 지나치게 민감하게 반응하고 거절당한 그 자리에서 엄청난 실망감을 드러내며 감당 못할 슬픔에 빠지기도 한다. 이런 실망감은 수치심을 불러일으키기도 한다. 정서적 협박자들은 수치심을 느끼면 무의식중에 '거절당한 것은 내가 좋은 사람이 아니라서 그렇다'는 생각을 한다. 이는 받아들이기 힘들고 불편한 감정이다.

정서적 협박자들은 수치심을 느끼면 이를 이겨내기 위해 쉽게 화를 내고 내면의 감정을 타인에게 전가한다. '전부 네 잘못이야!'라며 모든 것을 그 사람 탓으로 돌리고 그는 나쁜 사람이라고 평가해 버린다. 그래서 공격성을 띠며 요구를 들어주지 않는 그를 향해 분노의 손가락질과 함께 불같은 화를 쏟아낸다.

실제로 '좌절감에 대한 낮은 저항력'은 정서적 협박자의 특징적인 증상이다. 그들은 요구가 거절된 상황에서 상대방의 뜻을 존중하며 내면의 실망감을 어떻게 보듬고 조정하는지 배워본 적이 없기 때문이다. 그러다 보니 거절하는 이유는 자신과의 관계를 중요하게 여기지 않거나 부정하기 때문이며 심지어 자기를 싫어하는 것이라고 확대 해석한다.

두려움과 슬픔, 실망과 수치심 등의 감정이 한데 섞이면 걱정과 초조함으로 변한다. 이 감정은 협박자들로 하여금 거절을 받아들이지 못하게 하는 일종의 원동력이 된다. 이를 통해 갖은 방법을 동원해 요구를 관철시키고 반드시 자신의 뜻대로 움직여야 한다고 믿게 만든다.

정서적 협박자들은 결국 이런 식으로 원하는 바를 이뤄내고 잠시 동안 근심을 내려놓겠지만, 다음번에도 거절당하면 또다시 걱정과 초조함에 휩싸일 것이다.

데자뷰처럼 밀려오는
상실의 두려움

● "내 여친 알지? 솔직히 요즘은 헤어지고 싶은 마음이 굴뚝같아. 수시로 전화해서 어디에 있는지 꼬치꼬치 캐묻고, 문자가 오면 재깍재깍 답장해야 한다니까. 어디 있는지 물었을 때 조금이라도 둘러대거나 자기한테 말한 데랑 다른 곳을 가기라도 하면 노발대발하면서 자기를 사랑하지 않는다는 둥 거짓말을 했다는 둥 자기를 무시한다는 둥 몰아붙이는데 아주 죽을 맛이야. 하아…… 불안하다는 건 알겠는데 이건 너무 심하지 않냐? 어떤 때는 아무 잘못도 안 했는데 걔가 이것저것 캐물으면 무슨 죄 지은 것처럼 불안하다니까. 미행하듯 종

일 나만 지켜보면서 괴롭히는 것만 같고. 계속 뭔가를 잘못하는 기분이야. 이러니 점점 마음이 식는 거 같아. 맨날 물어보는 말에 대답은 열심히 하는데, 이제 나도 지친다."

혹시 이 대화가 내 이야기처럼 느껴지는가? 대화 속 주인공처럼 늘 불안에 떨고 있는가?

일부 정서적 협박자들은 이 여자친구처럼 늘 의심하고 불안해한다. 그들은 과거에 누군가로부터 버림받았거나 무시당하고 혹은 속았던 경험 혹은 누군가로 말미암아 아픔을 겪었던 기억으로 인해 친밀한 관계를 맺으면 자기도 모르게 불안함이 엄습한다는 사실을 알지 못한다.

과거의 상처를 잘 해결하지 못해 이 불안감이 내면 깊숙한 곳에 자리 잡으면 '미완성 과제'로 남아 비슷한 상황이나 관계를 마주했을 때 '데자뷰'처럼 매우 익숙한 느낌으로 다가온다. 그래서 친밀한 관계에 있는 사람으로부터 거절당하거나 좌절을 맛보면 지금의 감정을 과거에 겪었던 불안이나 아픔과 결부시킨다. 이렇게 과거에 미처 처리하지 못한 감정과 현재의 사건으로 생긴 감정은 하나로 뭉쳐져 극도의 공포와 불안을 만들고 이성을 무너뜨린다.

'데자뷰'처럼 밀려오는 감정과 불안은 무력감과 자괴감을 느끼게 한다. 그리고 상실에 대한 극도의 공포를 경험하게 된다. 이런 불안은 '이 관계를, 이 사람 혹은 이 행복을 잃게 될 거야'라는 헛된 생각을 하게 만든다. 이런 불안은 과거의 경험으로부터 왔고 아직도 내면에 상처로 자리하고 있다는 사실을 알아차리지 못한 채, 상대방을 탓하면서 '불안한 이유는 모두 너 때문이야'라고 착각한다. 그래서 그들은 강력하고 때로는 비이성적인 협박으로 심리적 불안을 무마하고 최악의 상황을 막으려 한다. 이를 통해 그들은 지배감과 안정감을 느끼려 한다.

앞의 이야기 속 여자친구는 관계에서 불안을 느끼자 원인을 남자친구에게 돌렸다. 그리고 그가 자신을 속이거나 떠나는 최악의 상황을 막기 위해 위치를 파악한다든지, 자신을 불안하게 만든 걸 질책하고 사랑이 부족하다고 말하는 등 극한의 감정적 반응을 보여 죄책감을 느끼게 만들었다. 이로써 그의 행동을 통제할 수 있었고 불안을 덜어내려는 목적을 달성했다.

이런 부류의 정서적 협박자들은 자신의 감정뿐만 아니라 타인의 감정도 돌보려 한다. 하지만 일단 거대한 불안감이나 초조함이 엄습하면 머릿속은 온통 '상실에 대한 두려움'으로 가득 찬다. 거절감이나 좌절감은 친밀한 관계에서 흔히 일어나는 작은 충돌에 지나지 않는다는 사실을 이성적으로 분별하지 못하는 상황이 되는 것이다. 그러다 보니 상대방이 자신의 삶에 비극을 불러오리라 생각한다. 그리하여 그들은 정서적 협박과 특정 행위에 집착하면서 자신의 요구대로 따라주길 강요하는 동시에 상대방의 모든 걸 통제하고 있다는 느낌을 확인하고서야 안정을 찾는다.

우선순위는 오직 '나'

● "그 사람하고는 8개월간 연애했어요. 전에는 그가 외국에서 근무했기 때문에 함께한 시간보다 떨어져 있는 시간이 더 많았죠. 올해 그 사람이 돌아오면 결혼하려고 생각했어요. 그런데 귀국 후 만나는 횟수가 많아지면서 우리 관계에 의구심을 품게 됐어요. 그는 기회만 있으면 다른 여자들하고 단둘이 만나는 걸 즐겼어요. 일하거나 출장 갈 때도 그랬고, 밥을 먹거나 회의를 해도 여자랑 둘이 있었어요. 그 여자들은 비즈니스 파트너 아니면 중요한 고객이었고 베스트 프렌드도 있었어요. 한번은 그 베프와 밥을 먹는다던 그 날엔 새벽이 되도록 집에 안 들어가는 거예요. 저는 너무 화가 나서 허구한 날 여자들이랑 희희낙락대는 것을 더는 받아들일 수 없으니

결혼하려면 다 정리하라고 말했죠. 그런데 그 말을 듣고는 오히려 버럭 화를 내는 거예요. 똑똑하고 지혜롭고 독립적인 여자인 줄 알았는데 유치하게 질투나 한다고 하면서요. 다른 여자들이랑 제가 똑같을 줄 몰랐다나? 그러면서 계속 의심하는 게 큰 상처가 됐다고 하는 거 있죠. 그게 다가 아니에요. 사랑에서 가장 중요한 건 신뢰인데 자기를 믿지 않는다, 자유를 침범했다, 내가 너무 이기적이라 통제하고 억압하려 한다 등등. 자기가 보기엔 내가 자기를 하나도 사랑하지 않는다는 거예요. 기가 막혀서. 저더러 계속 그런 식으로 할 거면 결혼도 잠시 시간을 두고 생각해 보자고, 그러지 않으면 결혼하고서도 자유롭지 못한 삶을 살 것 같다고 하더라고요. 종일 남편이 어디 가서 뭘 하는지 뒷조사만 하는 마누라랑은 살고 싶지 않대요. 그런데요, 이런 말을 듣고 정말 힘들었어요. 저는 진짜 그런 뜻이 아니었거든요. 그 사람을 못 믿어서가 아니라, 다른 여자랑 단둘이 너무 자주 만나는 것 같아서 그랬던 건데…… 그럴 때마다 정말 불안했거든요. 그렇다고 제가 그 사람 인생을 통제하거나 지배하려고 한 건 절대 아니에요. 근데 그 사람 말을 듣고 나니 내가 너무 유치했던 건 아닌가, 너무 이기적이었나, 그 사람 입장을 배려하지 못했나 하는 생각이 들더라고요."

일부 정서적 협박자들은 '공감능력'이 떨어져 자신이 원하는 바를 상대방의 바람보다 훨씬 중요하게 생각한다. 그들은 상대방이 무엇을 원하는지 그다지 관심이 없고 오로지 '내가 원하는 것'에만 초점을 맞춘다. 심지어 타인의 판단은 틀렸고, 자신의 생각과 판단만이 옳다고 여긴다. 가끔 상대방의 반응을 보고서야 비로소 너무 무시했음을 깨닫지만, 곧바로 그런 행동을 합리화하고 결국 자신의 판단과 요구만이 '가장 정확한 것'이라 말한다.

만약 협박의 피해자가 "당신은 너무 자기 생각만 하고 배려하지 않아요. 심지어 당신이 원하는 걸 이루기 위해 내 감정을 희생시키고 있다고요."라고 대응해 협박자가 죄책감을 느끼게 할 수도 있다. 하지만 '내가 진짜로 저 사람에게 상처를 줬나?' 하고 자신을 돌아보는 것이 아니라 오히려 '책임전가'의 수단으로써 그 죄책감을 외면한다. 다시 말하면, 마음의 짐을 덜고자 한발 앞서 상대방을 질책하며 책임을 전가하는 방식으로 자신의 행위를 합리화하는 것이다.

방금 살펴본 남자는 여자의 감정이 어떨지는 생각하지 않은 채 계속해서 다른 여자들과 만남을 가져 불안하게 했다. 그러고도 오히려 그 책임을 상대방에게 전가하며 자기를 믿지 못하는 것은 그녀의 잘못이라고 비난했다.

　이런 부류의 정서적 협박자들에게 우선순위는 오직 '나'이기 때문에 자신이 무언가를 잘못했다는 사실을 쉽게 받아들이지 못한다. 자신이 좋은 사람이 아니라는 사실을 인정하지 못하는 그들은 모든 잘못은 상대방에게 있다고 말한다. 그들은 한 발 앞에서서 그리고 더 큰 소리로 "네 잘못이야, 네가 날 무시했어, 네가 먼저……."라고 외치며 책임을 전가한다. 거기에 더해 자신의 상처를 확대하고 죄책감을 느끼도록 만든다. 그래야만 자신의 행위가 정당했다고 주장할 수 있고, 죄책감을 느낀 협박의 피해자가 자기 뜻대로 움직이도록 할 수 있기 때문이다. 이런 사람들은 인간관계란 대화와 협조를 통해 조율할 수 있다는 점을 알지 못한다. 그래서 상대방의 뜻을 존중해 행동을 고치는 것은 결코 자신이 틀렸거나 형편없는 사람이어서가 아니라는 사실도 깨닫지 못한다.

　과거의 어떤 경험으로 인해 실패나 실수는 곧 패배와 같다는 가치관이 형성된 이런 사람들은 누군가의 질책이나 요구를 받을 때 불안감이 밀려올 수 있다. 바로 이 불안감을 없애기 위해 상대에게 잘못을 덮어씌우는 것인데, 이 역시 일종의 자기방어에 해당한다.

특별한 관심에 대한 요구

● "우리 엄마는 정말 위대한 여자예요. 혼자서 세 남매를 키우느라 정말 고생하셨죠. 맞아요. 저도 그 점은 인정해요. 그런데 때론 엄마와 함께 있는 게 스트레스가 되기도 해요. 엄마는 늘 당신이 푸대접받고 살았다며 서운하다고 말씀하시죠. 어렸을 땐 할머니와 할아버지에게, 커서는 친구들에게, 결혼하고서는 아빠에게 어떻게 무시당했고 얼마나 외로웠는지 말씀하시거든요. 늘 엄마는 우리만 아니었어도 잘나가는 커리어 우먼이 됐을 거라고 입버릇처럼 말씀하세요. 너희 때문에 재혼도 하지 않았고, 일에도 전념할 수 없었으니 엄마한테 꼭 보답하고 효도해야 한다고 말씀하시죠. 사실 제 동생들도 말을 안 듣는 나쁜 애들이 아닌데 가끔은 엄마가 원하는 걸 다 들어드리기엔 너무 벅차다는 생각을 해요. 엄마는 필요한 게 있으면 수시로 전화를 걸죠. 그러면 우리는 그걸 다 받아줘야 해요. 근무시간이나 다른 일로 바쁠 때도 마찬가지죠. 엄마는 대학에서 수강할 전공과목이나 지원할 회사, 사귀면 좋을 친구에 심지어 결혼 상대까지도 엄마의 기준을 정해놓고 강요해요. 그대로 따르지 않으면 고래고래 소리를 지르며 불효자식이라 하거나 모두 너희를 위해 그러는 거라 말씀하

시죠. 우리는 그렇게 생각하지 않는데. 엄마는 의견이 부딪칠 때마다 자주 하시는 말씀이 있어요. 다른 사람들은 일생을 뼈 빠지게 자식 셋을 키워놨으니 이제 애들이 해주는 거 받으면서 편하게 살면 되겠다고들 하는데, 다들 모르고 하는 소리라고 말이에요. 나와 동생들은 하는 수 없이 엄마가 시키는 대로 하게 돼요. 우린 단지 생각을 말씀드리는 것뿐인데 엄마는 왜 불효라고 생각하시는지 잘 모르겠어요. 엄마 말대로 안 했다간 너무 죄송한 마음이 들기도 하고요. 제가 하고 싶은 것을 하면서 산다는 게 참 힘드네요……."

정서적 협박자들은 자신의 요구나 감정을 다른 사람의 것보다 훨씬 더 중시한다. 늘 무시당했다고 생각하는 그들은 억울하고 불만족스러운 삶을 살아왔다고 생각하기에 다른 사람들이 자신의 요구에 '각별한' 관심을 두길 기대하기 마련이다. 정서적 협박은 주목받기 위해 사용하는 수단이며 이를 통해 인간관계의 상호작용 속에서 어떻게든 우위를 점하고자 한다.

협박자는 자신의 요구에 귀를 기울이고 만족시켜 준다는 사실을 매우 중요하게 여긴다. 설령 억지로 부탁을 들어준다 하더라도 이에 만족하고 상대가 자기를 특별하게 여긴다고 생각한다. 사실 마지못해 부탁을 들어줬다는 사실을 모르지 않는다.

그럼에도 상대방에게 중요한 사람이 된 것 같은 느낌은 그들에게 안정감을 주고, 오랫동안 무시와 홀대를 받으면서 내면에 자라난 불안과 초조함은 달래진다.

이야기에 나오는 어머니는 자녀들에게 죄책감을 심어주어 자기를 위해 타협하고 뜻을 따라주면 효자, 효녀라고 여겼다. 그리고 자기 뜻을 존중해준다는 느낌을 받았다. 이것이 그녀에겐 오랜 시간 무시 받으며 억울하게 살았던 인생을 위로받을 방법이었기 때문이다.

이런 부류의 협박자는 상대방의 감정에 주의를 기울이지 않는다는 문제가 있다. 심지어 자신의 억울함에만 집중한 나머지 상대방의 억울한 감정은 합리화하거나 희석하기도 한다. 이런 자신의 행동을 당연시하며 요청을 들어주어야만 하고 억울해하면 안 된다고 말한다.

지금까지 소개한 정서적 협박자의 유형을 보며 어쩌면 나도 그들만큼의 초조와 불안을 느끼면서 살아간다고 생각할지 모르겠다. 다만 그들은 정서적 협박을 통해서만 자신이 원하는 것과 안정감을 얻었고, 초조함을 달랬다는 게 다른 점이다.

정서적 협박을 하는 이들이 잊고 있는 중요한 사실이 있다. 그들이 가진 불안의 진짜 핵심은 바로 '관계'에 있다는 점이다.

정서적 협박이라는 수단으로 표면적인 만족을 얻을 수 있다. 그렇지만 진짜로 잃을까 두려워하는 친밀한 관계나 상대방의 사랑은 정작 멀어질 수 있다. 협박의 피해자가 요구를 들어주는 것은 협박으로 인한 걱정과 두려움 때문이지 그들을 사랑해서가 아니기 때문이다.

여기까지 읽다가 '아, 내가 바로 그 정서적 협박자였구나' 하는 생각이 들었는가? 그렇다 해도 이 책은 협박자의 민낯을 고발하고 질책하려는 것이 아님을 알아주면 좋겠다. 사실 모든 사람은 정서적 협박자 혹은 협박의 피해자가 될 가능성이 있다. 이 책은 협박자와 피해자의 내면세계를 들여다보고, 두 역할을 결정짓는 '초조함'과 '두려움'이 심리적으로 어떤 영향을 미치는지 알아보려는 것이다. 이로써 반복되는 협박의 굴레에서 고민하는 것을 끝내고 그곳에서 벗어나 원하는 삶을 살길 바랄 뿐이다. 그래서 상대방의 존중과 사랑을 얻고, 깊고 평등하며 진실한 관계를 형성할 수 있길 소망한다.

지금까지 불안과 초조가 정서적 협박자로 변하게 만드는 원인이라고 설명했다. 반대로 불안과 초조 때문에 협박의 피해자가 되기도 한다.

이제, 관점을 바꿔 어떤 유형의 사람들이 정서적 협박의 피해자가 되기 쉬운지 알아보자.

다른 듯 닮은
협박자와 피해자

●
●
●

언제나, 누구에게나
좋은 사람이 되고 싶어

"이거 할 줄 모르는데 좀 도와줄 수 있어?"

"일이 많아서 못 끝낼 것 같아. 좀 도와주면 안 될까?"

"저번에 공동구매했던 걸 못 전해줬는데 대신 전해줄래?"

"진짜 빠르네요! 혹시, 이것 좀 만들어 주시면 안 될까요?"

직장동료나 친구, 가족들이 이런 말들과 함께 부탁을 할 때
거절하는 것이 힘든가? 만약 그렇다면 대다수 사람들이 흔히
말하는 '좋은 사람'이다.

내 경험들을 바탕으로 보면 주변에는 좋은 사람이 되길 원하는 사람이 정말 많았다. 그리고 남녀의 문화 차이인지는 몰라도 그 비율은 여자가 훨씬 높았다.

"왜 좋은 사람이 되고 싶나요?"라는 질문에 돌아오는 답은 거의 비슷했다. "다른 사람이 나를 까다롭다고 느끼는 게 싫어요.", "다른 사람을 곤혹스럽게 하기 싫거든요.", "미움 받는 게 싫어서 그래요." 등등.

그렇다면 "어떨 때 자신이 나쁜 사람이라고 느껴지나요?"라고 물어보니 하나같이 "상대방의 부탁을 거절할 때."라고 대답했다.

사실 좋은 사람이 될 기회는 널리고 널렸다. 문제는 좋은 사람이 되기 위해 어떤 대가를 치르고 있는가이다. 상대방의 부탁이 너무 큰 부담이 된다거나 스트레스로 다가오고, 심지어 기분을 상하게 하거나 권리와 이익을 침범하는데도 '거절하면 나쁜 사람이 된다'는 생각을 한다면 불합리한 부탁을 거절하는 법을 배울 수 없다. 결국, 정서적 협박자들이 원하는 대로 움직여주는, 협박의 피해자가 되는 길을 자처하는 꼴이 된다.

'나는 왜 좋은 사람이 되려 하는가?'

이런 질문을 스스로에게 해본 적 있는가? 아니, 좋은 사람이 되지 않아도 된다는 생각을 해본 적 있는가? 그동안 이 점에 대해 의식조차 하지 않고 살아왔을 것이다. 어쩌면 우리에겐 선택의 여지가 없었기 때문일지도 모른다. 이 사회가 그렇게 가르쳤으니까. 우리는 늘 다른 사람의 시선과 평가를 신경 써서 호감을 사야 하고, 행동을 끊임없이 고쳐 '어디에나 잘 어울리는 사람'이 되어야 한다고 배웠다. 그래서 우리는 다른 사람의 부탁을 들어주고 싶어 하고 남의 시선을 의식하며 산다. 때로는 거절하지 못해 어쩔 수 없이 상대의 부탁을 억지로 들어준다. 부탁을 거절한다는 것은 마치 죄를 짓는 것처럼 느껴지기 때문이다.

특히 거절당해 실망하는 상대의 표정을 보면 '내 잘못이야. 저 사람을 실망하게 했어'라며 자책하기도 한다. 그래서 우리는 최대한 거절하지 않으려 노력한다. 나 때문에 다른 사람이 실망하면 스스로에게도 실망을 느끼기 때문이다.

하지만 좋은 사람이 되려면 희생이 필요하다. 상대는 자기의 목적을 달성하려고 나를 이용하기 때문이다. 그렇지만 우리는 좋은 사람이 되어야만 한다는 강박과 상대방의 실망을 두려워한 나머지 이런 부분을 정확히 보지 못한다. 그래서 그런 호의가 오히려 정서적 협박의 발판을 마련하는 중요 요소가 된다.

자책의 함정

● "걔가 날 비난하고 요구를 해오면 머리로는 아니라고 말하면서도 '내가 뭘 잘못했나? 그래서 나한테 이러는 건가?' 하고 생각하게 돼. 그렇지 않으면 걔가 왜 나한테 뭐라고 하겠어? 내가 반성하지 않으면 걔한테 잘못을 다 덮어씌울 수도 있잖아. 그건 너무 무책임한 것 같고 말이야. 어쩌면 진짜로 내가 뭘 잘못했을 수도 있는데……."

혹시 이와 같은 생각을 자주 하는가? 만약 그렇다면 습관적으로 자신을 의심하는 사람에 속하는 것이다. 이런 사람들은 스스로에게 자신이 없다보니 '자책의 함정'에 더 빠지기 쉽다. 책임을 다른 이에게 전가하거나 남을 얕보는 정서적 협박자들에겐 더할 나위 없이 완벽한 사냥감이기도 하다.

이들은 협박자들이 불합리한 요구를 하면서 비하하거나 책임을 전가하면 불안에 떤다. 그래서 힘들어도 어쩔 수 없이 그 요구를 받아들인다. 그리고 이 과정에서 '내가 너무 이기적인가?', '내 판단력에 문제가 있는 걸까?', '저 사람이 진짜 날 위해 그러는 건 아닐까?' 같은 생각들에 빠지게 된다.

이런 사람들은 책임감이 강하고 죄책감에 민감하게 반응

한다. 그리고 타인의 감정에 책임을 져야 한다고 배웠거나 높은 기준을 요구하는 환경에서 자라왔을 것이다. 때문에 항상 잘못하면 어쩌나 전전긍긍하고 체면을 잃거나 남을 곤혹스럽게 할까봐 안절부절못한다. 이들은 자신감이 없어 '혹시 폐를 끼치진 않을까', '나를 능력 없는 사람으로 보진 않을까', '괜히 미안한 일을 하는 건 아닐까' 같은 것들을 걱정한다. 이들과 친밀한 관계를 유지하는 협박자들은 내면에 이런 의심과 죄책감이 존재한다는 사실을 알아차리고 교묘히 이용한다. 결국 이들의 습관적인 의심과 죄책감은 정서적 협박의 관계를 형성하는 주요 도구로 전락하게 된다.

남들이 어떻게 생각할지 걱정이 돼

● "저는 늘 다른 사람의 감정이나 생각을 먼저 생각해요. 누군가 부탁을 했는데 들어주지 않으면 엄청난 죄책감이 들어요. 특히 내가 거절해서 상대방이 실망하거나 화를 내고 슬퍼한다든지, 그것도 모자라 질책하고 비난하면 전부 내 잘못이라는 생각이 들거든요. 내가 너무 이기적이어서 실망시켰다는 생각도 들고 그것 때문에 나를 미워하진 않을까 무서워

요. 그래서 결국에는 아무리 어려워도 부탁을 들어주죠. 제가 좀 힘들어도 말이에요."

정서적 협박이 주는 괴로움으로 힘들어하는 사람들을 만나 이야기를 나눠보면 공통점을 발견할 수 있다. 바로 남의 시선을 너무 의식한다는 점이다. 물론 협박의 피해자라고 해서 모두 남의 시선을 의식하는 건 아니다. 그렇지만 인간관계에서 타인의 시선을 많이 신경 쓰는 편이라면 사실 상대방은 매우 편하기 마련이다. 관계 속에서 언제나 다정하고 마음을 잘 헤아려주며 친근하게 다가오기에 어울리는 사람은 매우 편하다고 느낄 것이다.

만약 다른 사람의 시선을 과도하게 의식한 나머지 상대방의 기분이 모든 행동의 기준이 된다면 어떨까? 심지어 타인의 감정을 최우선으로 둔 나머지 자신의 기분과 감정을 완전히 무시한다면?

이런 사람들은 인간관계에서 오는 엄청난 피로감에 시달리며 힘들어한다. 타인의 생각과 감정을 너무 의식하는 그들은 일단 자신에게 실망하고 화를 내거나 슬퍼하는 등의 부정적 감정을 표현하면 극도의 불안과 두려움에 빠지기 때문이다. 그들은 내가 잘못했거나 다정하게 행동하지 못해서 그들이 화를 낸다고 생각한다. 그래서 부탁을 거절했을 때 그들이 실망할까 두려워하고, 관계가 틀어지거나 나를 미워할까 늘 불안해한다. 그러다 보면 원하지 않는 일이라도 그들의 부탁이라면 마지못해 들어주게 되는 것이다.

이렇듯 남의 시선을 과도하게 의식하는 사람들은 타인의 미묘한 표정 하나까지도 놓치지 않고 남의 비위를 맞추지만 정작 힘들어하는 자신의 감정은 외면하고 만다.

칭찬에 대한 집착

정서적 협박이 일어나는 관계를 가만히 들여다보면 흔히 볼 수 있으면서도 쉽게 빠져나오기 힘든 관계가 '상명하복의 관계'라는 사실을 알 수 있다. 여기서 말하는 '상명하복'이란 부모와 자식, 상사와 부하, 선생님과 학생 같은 관계를 말하는데 여기에는 분명한 '권력의 위계'가 존재한다. 이 위계질서는 부부처럼 매우 친밀한 관계에도 은밀히 존재하기 마련이다.

이런 관계에서는 권력을 가진 사람이 상대방을 마음대로 정의하거나 평가한다. 권력의 영향으로 아무 말 없이 평가를 수용한다는 특징을 보인다. 만약 평가를 받는 쪽이 남의 시선을 의식하거나 인정을 바랄 경우 함정에 더욱 쉽게 빠진다. 무의식적으로 상대의 평가와 생각을 계속 확인하려 할 것이고 인정을 위해 끊임없이 노력하기 때문이다.

위험한 점은, 권력을 쥐고 있는 사람이 정서적 협박자의 특징을 가지고 있을 경우다. 그렇다면 협박의 굴레에 빠질 가능성은 훨씬 높아진다. 이런 관계에서 협박의 피해자는 상대의 요구를 만족시켜 인정과 칭찬을 받아내기 위해 부단히 노력할 것이다. 그러다가 자신을 비난하거나 "다 너를 위해 그런 거야."라는 말을 하면 그 말을 철석같이 믿고 시키는 대로 따르게 된다. 이런 행동의 이유는 단 한 마디, "잘했어!"라는 칭찬의 말을 듣기 위해서다.

이러한 상호작용은 상명하복의 관계와 밀접한 관련이 있다고 생각한다. 그리고 이런 유형의 상호작용은 개인의 문제로 볼 것이 아니라 사회문화적 맥락에서 분석해야 그 근원을 심도 있게 이해할 수 있고 협박의 굴레에서도 빠르고 효과적으로 벗어날 수 있다.

이 문제를 동양 문화권 특유의 사회문화적 측면에서 예를 들어 함께 생각해 보자.

효도, 권위, 체면의 굴레

"부모님 말씀 잘 들어라."
"왜 엄마, 아빠 말을 안 듣니! 넌 정말 불효자식이야."
"착하지, 선생님 말씀 잘 들으렴."

혹시 이런 말들을 들으며 자랐는가?

유교문화의 영향을 받은 나라들은 '효孝'를 매우 중요시한다. 그런데 '효란 무엇일까?'라는 질문을 던지면 저마다의 견해가 모두 다르다. 하나의 정확한 정의를 내릴 수는 없지만 효는 의심할 여지가 없는 일종의 미덕으로 여겨진다. 심지어 '올해의 효자'나 '올해의 효녀'를 뽑아 표창하기도 한다.

그렇다면 부모들이 생각하는 효란 과연 무엇일까? 동양 문화권의 일반적인 50~60대 부모의 머릿속에는 효를 '순종'과 연결한다. 순종은 간단히 말해 부모의 생각과 의견에 따르는 것으로, 말 잘 듣고 부모 마음을 잘 헤아리는 것을 뜻한다. 바로 효에 관한 일반적인 기준과 정의는 부모들이 결정한 것이다.

이런 문화 속에서 얼마나 말을 잘 듣는지를 효심의 척도로 삼는다. 이런 부모들은 똑같이 생각했던 부모 밑에서 자랐을 가능성이 높다. 그래서 순종이 일종의 습관으로 굳어진 것이다.

특히나 "내 말이 다 맞아. 내가 시키는 대로만 해."라고 명령하는 권위적인 부모 밑에서 자랐을 경우 더욱 그렇다.

하지만 자녀가 성장하고 어른이 되면 자신만의 생각과 일이 생기고 전문적 지식을 습득하게 된다. 그런데도 부모들은 이미 커버린 자녀와 소통하는 법을 알지 못한 채 여전히 예전의 습관대로 가르치려 한다. 그리고 혹시나 잘못될까 걱정하면서 부모가 원하는 방법에 따라주길 바란다. 그래야만 안심하고 안정감을 느끼며 '이렇게 하는 게 자녀에게 좋다'고 생각한다.

어른이 된 자녀들이 부모의 가르침을 거부하면 대개 "여태껏 키워줬더니 이런 식으로 보답하냐!"는 정서적 협박이 이어진다. 효자가 되어야 한다는 가르침을 받았던 자녀는 죄책감을 느끼게 되고, 결국 정서적 협박의 굴레에 빠져든다. 이처럼 효를 중시하는 문화가 때로는 아이들의 자주성을 억압할 뿐 아니라 자녀를 진심으로 이해할 기회를 앗아가 버리기도 한다.

효를 중시하는 문화에서 일부 부모는 당연히 자기 말을 따라야 한다고 가르친다. 이런 부모들은 권위와 존엄, 체면을 과도하게 중시하면서 이렇게 강요하곤 한다.

"내가 다 너 잘되라고 그러는 거 모르니? 그러니까 말대답 하지 말고 잠자코 내 말 들어."

사람이라면 누구나 독립적으로 사고하고 자신만의 욕구와 감정이 있다. 이는 존중받아 마땅한 것이다. 하지만 앞의 말은 자녀가 독립된 인격체라는 사실을 간과한 것이다.

이런 관계는 사제지간에서도 볼 수 있다. 효 문화와 마찬가지로 스승을 존중하고 따라야 한다는 문화적 사상의 영향을 받은 것으로 권위를 존중하고 신뢰해야 한다고 가르친다.

이렇듯 권위를 쥔 쪽에는 부모나 스승, 상사 등이 포함된다. 때로 이 사회는 권위가 있는 윗사람이 아랫사람에게 엄격한 말로 명령하거나 심지어 위협해서 죄책감을 불러일으키고 그들이 마땅히 누려야 할 권리를 빼앗는 걸 묵인하기도 한다. 심지어 권위자가 내뱉는 말과 행동이 도가 지나칠지라도 훈계라 여기고 억지로 의미를 부여한다. 그래서 동양 문화권에서는 '합리적인 요구는 훈계, 불합리한 요구는 단련이다', '갖은 고생을 견뎌내야 큰 사람이 된다', '사랑이 깊으면 더 엄하게 가르친다'와 같은 말들이 있다. 설령 그것이 개인의 존엄과 자존심, 심지어 즐거움과 살아갈 에너지를 앗아간다 해도 마찬가지다.

그럼 모든 잘못이 권위자에게 있는 걸까? 사실 그렇지도 않다. 과거부터 현재까지 권위를 지나치게 중시하고 효를 강조해 가르쳐온 나머지 많은 경우 '겉으로만 권위를 존중하는 척'

하는 상황이 벌어지고 있다.

전통문화를 부정하려는 게 아니다. 다만 이러한 문화가 표방하는 진짜 의미를 되새겨보길 바라는 것이다. 효를 중시하고 권위를 존중하는 문화는 단순히 '선생님 말씀 잘 듣기', '부모님이 하는 건 모두 자녀를 위한 것', '어른 말씀을 잘 들어야 착한 아이'와 같은 표면적 의미만 담고 있는 게 아니다. 스승과 부모의 은혜에 감사하고 본질을 되새겨야 한다는 보다 핵심적인 개념을 추구하고 있다.

사실 윗사람과 아랫사람 모두 이 '표면적인 유교문화'의 피해자라 할 수 있다. 아랫사람은 억압받거나 무시당하고 심지어 협박당했다. 그런데 윗사람은 자신이 원하는 것을 얻는 방법으로 이런 수단 외에 다른 것을 배워본 적이 없다. 상대를 먼저 이해하고 자신의 생각을 전달한 다음 타협점을 찾아가는 방법을 모른다는 것이다. 이런 문화적 배경이 정서적 협박을 부추기는 원인이 되었다고 생각한다.

여기까지 정서적 협박의 유형에 관해 알아보았다. 그러면 어떻게 해야 협박의 함정에서 벗어날 수 있을까? 함정에 깊이 빠져 있는 사람들은 그 방법과 기술을 알아보기에 앞서 중요한 한 가지 개념을 먼저 마음에 새겼으면 한다.

자존감을 회복해야만 정서적 협박의 함정에 다시 빠지지 않는다.

　앞에서 나눴던 이야기를 되새겨 보자. 정서적 협박의 피해자의 유형에는 '좋은 사람이 되고 싶은 사람', '습관적으로 자신을 의심하는 사람', '남의 시선을 너무 의식하는 사람', '인정에 목마른 사람' 등이 있었다. 이런 사람들에게서 나타나는 공통점 하나를 발견했는가? 바로 대부분 자존감이 매우 낮다는 사실이다. 만일 이런 사람이라면 자신을 잘 인정하지 못하고 자신의 가치를 부정할 것이다. 그리고 자신감이 없어서 협박자들의 유혹에 잘 넘어가고 굴레에 빠지는 것이다.
　이어지는 두 번째 장에서는 어째서 자존감이 낮아지고 이것은 왜 중요한지, 그리고 어떻게 자존감을 회복해 협박의 굴레에서 벗어날 기초를 다질 수 있는지 알아보도록 하자.

2

어쩌다가
우리는
이렇게 되었을까?

'나'라는 존재에 대한 완전한 수용, 자존감

　　　　　　　　　　자존감이 낮다는 것은 무슨 뜻일
까? 예전에 한 내담자가 이렇게 질문한 적이 있다.

　　"선생님, 자존감이 낮은 사람은 정서적 협박을 당하기 쉽다
고 하셨잖아요? 그런데 저는 자신감이 높은 사람이라고 생각하
거든요? 업무 능력도 뛰어나다고 자부하고요. 그럼 된 것 아닌
가요? 이게 자존감이랑 뭐가 다르죠?"

　　자신감이란 가지고 있는 능력에 자신이 있다는 일종의 느
낌이다. 우리는 학습이나 업무, 일상생활을 통해 객관적인 성공
과 성과를 성취하고 성공적으로 문제를 해결했던 경험을 축적
한다. 객관적 성과들을 바탕으로 '간단한 일', '조금만 애쓰면 할
수 있는 일'처럼 자기 능력에 관한 주관적 생각과 이해가 생긴

다. 이를 통해 자신에 대한 신뢰가 쌓여 어떤 일을 완성하고 처리할 수 있다고 믿게 되는 것을 자신감이라 한다.

그렇다면 자존감은 무엇일까? 자존감이란 자기에 대한 평가이자 수용이며 자기를 존중하는 태도다. 바로, 자신의 가치를 인정하는 행위라는 것이다.

이 세상에 존재하는 나의 가치는 꼭 무언가를 이뤄내 증명해야만 드러나는 것이 아니다. 내게 단점이 있다 해도, 무언가를 잘하지 못해도, 심지어 실패한다 해도 '나는 별로인 사람'이 아니다. 나는 노력하면 결국 해낼 수 있다. 실패를 맛봐도 그것 때문에 이 세상에 존재하는 나의 의미를 부정하거나 의심하지 않는다.

나는 존재만으로도 가치 있고 의미가 있다. 자존감이란 이처럼 '자신에 대한 완전한 수용'을 의미하는 것이다.

내가 뭐 항상 그렇지

사회적으로 큰 성공을 거두고 다양한 성공담을 가진 사람들을 많이 만나봤지만 그런 경험이 '나는 그럴만한 사람'이라는 생각을 하게 해주는 건 아니라는 것을 깨달았다. 오히려 이런 성공은 '도달해야만 하는 기준'으로 작용하는 경우가 많았다.

그들은 객관적으로 정말 뛰어난 능력을 지녔음에도 스스로 '나는 별로야', '나는 그냥 그래'라고 생각한다. 자신의 능력을 인정하지 못했고, 일궈낸 성과도 즐기지 못했다. 그저 성공의 결과에만 집착했다. 성공을 통해 불안감을 떨쳐내고 스스로 '그나마 괜찮은 사람'이라 생각해 어떻게든 산다는 것의 의미를 이어가려 했다.

마음속 불안이나 걱정은 제쳐두더라도, 자신에게 능력이 있다는 걸 알고 있더라도, '할 수 있는 일'은 언젠가부터 '도달해야 할 기준'으로 변한다. 만일 그 기준에 도달하지 못하거나 혹시라도 실수를 저질러 실패로 돌아가면 '나는 쓸모없는 사람'이라 생각하며 모든 책임을 자신에게 돌린다. 설령 성공했더라도 '당연한 일'이라거나 '운이 좋았다'고 말하거나 '조금 더 노력했기 때문'이라고 여기지, 그 일을 해낸 스스로를 칭찬하고 인정하지 않는다.

성공을 거둬야만 스스로 정한 기준에 도달할 수 있기에 기준이 너무 높은 사람으로 보이거나 완벽주의자로 여겨질 수 있다. 늘 불안에 쫓겨 습관적으로 자신을 의심하고 끊임없이 인정과 성공을 갈구해 자신을 향한 채찍질을 멈추지 않는다.

특히 상대방의 요구사항이 자신의 바람이나 감정과 대립하면 그의 인정을 받아내기 위해 기꺼이 내 감정을 포기하고 부탁을 들어준다. 오로지 긍정적인 평가 한마디를 듣기 위해서다. 인정을 구하는 상대방이 선생님이나 직장상사, 업계 내 전문가와 같이 권위 있는 사람이라면 더욱 그렇다. 혹시라도 권위자들이 능력을 깎아내린다거나 죄책감을 주는 등 정서적 협박을 하면, 먼저 스스로를 의심하게 된다. 인정에 목마른 그들은 자신의 생각과 감정은 무시한 채 상대의 요구나 기대를 충족시키기에 급급해져 있기 때문이다.

'객관적 성공'을 나의 '주관적 이해'로 받아들이지 못한다면 자신의 능력을 신뢰하기 어렵다. 그래서 이 같은 사람들은 인생에서 시험이 닥치면 불안감에 휩싸이곤 한다. 이런 불안에서 벗어나기 위해 끊임없이 성공을 좇으며 '외부의 평가'를 지나치게 신경 쓰면서 인생의 목표와 기준으로 삼는다. 이들의 삶은 늘 남의 평가에 좌지우지된다.

이 모두는 자기 생각이나 감정보다 타인의 인정과 사랑이 제일 중요하기 때문에 벌어지는 일들이다.

혹시 아무리 노력해도 늘 불안한가? 가치 있는 사람이라는 걸 어떻게든 증명하기 위해 매번 애쓰는가? 이런 자신이 가엽다고 느끼지는 않았는가? 그런 자신을 인정해주고 사랑하면 어떨까? 스스로를 많이 위로해주고 안아주면 좋겠다. 그리고 이렇게 말해주자.

"정말 잘했어. 수고했어. 노력하지 않아도 난 가치 있는 사람이야. 그런 나를 있는 그대로 사랑해."

있는 그대로 사랑한다는 말은 정서적 협박자에 대응하는 용기의 근원이 될 것이다. 위의 말을 되뇌었다면 정서적 협박자를 마주했을 때 스스로에게 이렇게 말해 보자.

"내 감정을 더 존중하는 것이 좋을 것 같아. 저 무리한 부탁은 거절해도 되지 않을까? 걱정과 불안 그리고 두려움, 나 자신이 별로라는 생각도 내려놓고 말이지. 저 사람이 자기 부탁을 거절한다고 날 최악이라 말한대도 이것만 기억하자. 나를 판단할 수 있는 사람은 오직 나 하나라는 걸. 스스로 괜찮은 사람이라고 믿으면 계속 증명하려고 발버둥 치지 않아도 돼. 내가 괜찮은 사람이라는 걸 꼭 증명해야만 할까? 아니야. 그럴 필요 없어. 왜냐면, 난 좋은 사람인 걸 이미 알고 있으니까."

나에게 '괜찮아'라고 말하는 연습을 시작하고 나의 중요성과 가치를 굳이 증명하려는 노력들을 멈추었는가? 그리고 더 이상 나의 바람과 생각을 뒷전으로 미루지 않게 되었는가? 만약 그렇다면 충분한 자존감으로 정서적 협박에 맞설 용기가 비로소 생긴 것이다.

그런데 스스로 괜찮은 사람이란 걸 어떻게 믿을 수 있을까? 어쩌면 '스스로 괜찮은 사람이란 걸 믿자'는 표현을 접하고 마음속으로 '근데 어떻게 그걸 믿지?' 하고 생각했을지 모른다. 만약 그런 생각을 했다면 이 질문에 답해 보자.

나는 평소 자신에게 어떤 언어를 사용하고 있을까? 격려의 말? 아니면 질책과 비난의 말?

만약 질책과 비난의 말을 사용하고 있다면 스스로 괜찮은 사람이라는 사실을 믿기 어려울 것이다. 아니라고 생각하는가? 다음 이야기를 살펴보자.

한 아이가 있었다. 부모나 선생님 같은 주변의 어른들은 늘 아이에게 트집을 잡고 모자란 점을 엄히 꾸짖으면서 지적했다. 문제를 고치면 겉으로는 완벽한 모습이 될지 모르지만, 과연 이 아이는 자신감 있는 어른으로 자랄 수 있을까? 이 아이는 스스로 자기가 괜찮은 사람이라고 생각할까? 결코 아니라고 생각한다. 겉으로는 완벽해 보일지라도 아이는 스스로 괜찮은 사람이라는 사실을 믿지 못하고 자신감 없는 사람으로 자랄 것이다. 늘 자기를 의심하고 뭔가를 잘못할까 걱정할 것이다.

주변 사람들의 질책과 비난이 자존감에 미칠 수 있는 영향은 이토록 크다. 만일 비난하는 이가 가장 친밀한 사람이거나 나 자신이라면 더 말할 것도 없다. 그렇게 늘 질책하고 트집을 잡으면서 꾸짖는다면 자존감에 얼마나 큰 상처를 입겠는가?

내가 어떤 말에 가장 상처받고 힘들어하는지 사실 스스로가 제일 잘 알고 있다. 그런데도 많은 경우 부모님이나 선생님 같은 어른들로부터 듣고 상처가 되었던 그 말들을 고스란히 담아 두었다가 자신에게 사용한다. 질책과 비난, 꾸지람으로 상처받았지만 아이러니하게도 무의식적으로는 이렇게 생각한다. '엄하게 해야만 성장하는 거야.' 결국 이런 말로 세뇌당한 나는 자신이 좋은 사람이라는 걸 잘 믿지 못한다.

그러니 원한다면 지금부터라도 자신을 대하는 방식을 바꿔보길 바란다. 먼저 스스로에게 사용하는 언어를 걸러내는 연습부터 시작하자. 혹시 부정적 언어가 주를 이루는가? 그렇다면 자신을 향한 비난과 질책을 멈추고 이렇게 말하는 것이다.

"충분히 잘 했어. 최선을 다했고, 할 만큼 했잖아. 자책하지 말자. 다음에는 나도 잘할 수 있어."

이렇게 따뜻하게 나를 품어주는 것부터 시작해야만 자신이 괜찮은 사람이라는 사실을 믿을 수 있을 것이다.

자존감의 뿌리, 나의 어린 시절

어린 시절이 우리의 자존감에 미치는 영향은 대단히 크다. 특히 좌절과 실패를 만났을 때 어떻게 그것을 극복하고 대처하도록 배웠는지에 따라 큰 차이를 보인다.

예전에 산책길에서 보았던 어느 가족의 모습을 소개하려 한다.

서너 살쯤 되어 보이는 남자아이와 부모로 보이는 세 식구를 보았다. 잔디밭으로 들어간 아이는 흥분해서 마구 뛰기 시작했다. 하지만 키도 작고 아직은 뛰는 게 서툴러 보였다. 녀석은 몇 걸음 가지 못해 넘어졌고, 울음을 터뜨렸다. 그 모습을 본 부모는 재빨리 아이에게 다가와 침착한 목소리로 아무 일 없다는 듯 달래기 시작했다. "괜찮아, 괜찮아." 그러고는 옆에 쭈그리고 앉아 혹시 다친 곳은 없는지 살폈다. "안 다쳤네, 괜찮아." 하지만 아이는 울음을 멈추지 않았다. 그러자 엄마는 아이를 품에 안고 이렇게 말했다.

"아프지? 그래도 다친 데는 없네. 다음부터는 뛰지 말고 천천히 걷자. 알겠지?"

품에 안긴 아이는 이 말을 듣고 진정되었다. 진정된 것을 본 엄마가 잔디밭에 내려주며 물었다.

"그럼, 엄마랑 같이 걸을까?"

아이는 고개를 끄덕였다. 그 후 다시 혼자서 걷기 시작했다. 엄마 손을 잡지 않았지만 뛰지도 않았다. 한 걸음 한 걸음이 아까보다는 훨씬 안정적이었다.

이 모습이 참 오래도록 기억에 남아있다.

우리 부모님은 좌절을 경험했을 때 어떻게 반응하셨는지 돌아보자. 혹시 결혼을 하고 아이를 키우고 있다면, 내 아이가 좌절했을 때 어떤 반응을 보였는지 생각해보는 것도 좋겠다.

우리 부모님 세대는 많은 경우 자녀를 엄히 가르치는 편이었다고 기억한다. 자녀가 좌절이나 실패를 맛보거나 잘못을 저

지르면 조심성이 없어서, 노력하지 않아서 그런 거라며 꾸짖고
는 했다. 이야기 속 아이처럼 뛰다가 넘어지기라도 하면 얼마나
다쳤는지 살피는 것보다 혼내는 것이 먼저였다.

"어휴, 그러니까 엄마가 조심하라고 했지!"

이런 말을 들으면 우리는 마음속으로 생각했다.

'넘어진 건 내 잘못이야.'

넘어진 모습을 보며 안쓰러워하거나 감정을 보듬어주는
사람은 없었다. 단지 나의 잘못이 핵심이었다. 그럴 때 보았던
부모님의 찡그린 표정이나 꾸지람은 어린아이였던 우리에겐
사랑을 잃은 것 같은 느낌을 주기에 충분했다.

이런 상황에서 혼이 난 아이는 내가 잘못해서 부모님이 화
가 났고, 화난 부모님은 이제 나를 미워하고 사랑해 주지 않으
리라 생각하게 된다. 그리고 이 모든 결과는 '내 잘못'에서 비롯
되었다고 느낀다. 아이는 '내가 못나서, 내 잘못으로 부모님을
화나게 했고 그래서 부모님의 사랑도 받지 못했어'라는 결론을
내리게 되는 것이다.

잘못을 저지른 자녀를 혼내기만 하는 부모는 아이가 혹시
아프진 않은지, 힘든 건 아닌지 단 한 마디도 묻지 않는다. 마치
그것은 하나도 중요하지 않은 듯이. 심지어 그런 것을 '허락하

지 않는' 것처럼 대하기도 한다. "그러게 누가 그러래? 다 네가 자처한 일이야."라고 말하기도 한다. 아픔을 무시하고 홀대하며 마땅히 받아야 할 벌처럼 여기기도 한다.

'네 잘못'이라는 말은 너무 끔찍하다. 이런 끔찍한 말을 들은 자녀는 '내 감정은 별로 중요하지 않구나', '내가 잘못하지 않는 게, 실패하지 않고 성공하는 게 훨씬 중요하구나', '성공이 나라는 사람보다 더 가치 있구나', '잘못을 저지르는 건 내가 형편없기 때문이구나' 같은 생각으로 연결된다.

이렇듯 '나의 잘못'이 '형편없는 나'라는 생각으로 연결되는 것을 막으려면 마음을 닫아버리고 감정을 가둬둘 수밖에 없다. 아니면 '형편없는 나'라는 생각을 하지 않으려면 차라리 기준을 높이고, 목표를 달성해 질책을 피하기도 한다.

이런 과정을 거치면서 실패와 실수를 심각한 문제로 받아들인다. 실수한 나를 자책하고 점점 더 높은 기준을 요구하는 완벽주의자로 천천히 변해간다. 기준은 늘 높아지기에 영원히 만족할 수 없고, 실수한 나를 받아들이지 못한 채 지나치게 책망하고 비난한다. 이런 사람들은 자신에게 요구하는 수준이 매우 높기에 자연스레 성과도 좋은 편이다. 하지만 자신감은 늘 부족하고 언제나 자신을 의심하기에 자존감은 상상할 수 없을 정도로 낮다.

반대로 아이가 넘어지면 지나치게 걱정하고 호들갑을 떠는 부모가 있다.

"다친 거 아냐? 아가, 괜찮니? 이 돌이 잘못했어! 때지!"

이런 말에는 두 가지 의미가 포함되어 있다. '돌이 아이의 발을 걸어 넘어지게 만들었고 이 돌은 나쁘'고 가르치며 원인을 돌에 맞추는 것이다. 아이는 '걷는 방법을 바꿔야 하나?', '어떻게 걸어야 넘어지지 않을까?'라는 생각으로 연결하지 못해 넘어지지 않고 걷는 법을 배우지 못하게 된다.

또 다른 하나는 아이가 넘어지는 걸 지나치게 안타까워하는 부모다. 넘어진다는 것은 걸음마를 배우는 과정 중 하나에 지나지 않고, 상처가 난 것도 아닌데 말이다. 이런 부모는 아이가 실패를 경험하지 않도록 하고 어떤 상처도 받지 않도록 온 힘을 다해 보호하려 한다.

이런 환경에서 자란 아이는 흔히 말하는 '마마보이'(물론 남성만을 지칭하는 것은 아니다)가 될 가능성이 크다. 이후 좌절을 만나면 넘어진 채 일어나지 못하고 이런저런 핑계를 대면서 환경이나 다른 사람을 탓한다. 그들은 이루고 싶은 꿈이 있다 해도 좌절을 만나면 쉽게 포기하고 그 자리에 안주하려 한다.

그들도 아무런 노력을 하지 않는 것은 아니다. 좌절 후에 다시 일어나 결국에는 성공하거나 스스로 어려움을 극복했던 경험이 너무 적다 보니 어려움을 이겨낼 능력을 가지고 있음을 믿지 못하는 것이다. 자신을 의심하고 자책하는 일이 얼마나 괴로운가! 그래서 환경이나 다른 사람을 탓하는 식으로 마음의 부담을 덜어내 나는 그렇게까지 형편없는 사람은 아니라고 위안하는 것이다.

이들에 비하면 앞서 산책길에 만난 부모가 보였던 반응과 행동은 참 인상 깊었다.

그 부모는 아이가 넘어진 걸 보고도 상황이 심각하지 않고 잔디밭인 것을 고려해 큰 일이 없으리라고 우선 판단했다. 그래서 침착한 목소리로 "괜찮아."라고 위로할 수 있던 것이다. 그러면서 혹시라도 다친 데는 없는지 확인했다. 상황을 모두 파악한 후 별 일이 없음을 알게 되자 아이를 진정시켰다. 그래도 울음을 그치지 않는 아이를 안고 어떻게 하면 넘어지지 않는지 친절히 알려주었다.

그 부모는 아이가 넘어졌다고 지나치게 걱정하거나 초조해하지 않았다. 오히려 아이의 능력을 믿고 걷는 방법을 알려주면서 다시 시도할 기회를 주었다. 실패를 겪은 후 절망하거나 자책하고 포기하려 할 그때 심정을 헤아려주며 함께 있어 주었다. 동시에 그리 심각하지 않다는 걸 알려주며 위로했다. 이런 과정을 통해 아이에게 다음과 같은 메시지를 줄 수 있었다.

"괜찮아, 무서워하지 마. 우리가 옆에서 응원하고 있어."

안심하고 다시 도전할 수 있도록 도와주는 태도를 통해 아이는 중요한 것을 깨닫는다.

'나는 혼자가 아니야. 날 믿어주고 계셔. 그러니 마음 놓고 이 세계를 탐험해야시!'

자기감정을 존중해주고 믿어주며 응원해주는 부모의 태도를 통해 '내 감정이 가장 중요하구나', '내 감정을 이토록 중요하게 생각해주는 사람이 있구나'라는 것을 깨달을 수 있다. 그렇게 자기감정을 중요하게 여기는 법을 배우고, 좌절과 실패를 너그럽게 용인하며 자신의 능력을 신뢰하는 법과 자기를 응원하는 법을 배워간다.

이렇게 자신에 대한 믿음과 조건 없는 수용 그리고 지지는 높은 자존감의 근원이 된다.

지금의 내 모습을 만든
타인들의 감정

상담을 하다 보면 감정적으로 어려움을 겪는 내담자를 많이 만난다. 그 과정에서 문화를 배경으로 한 가치관이 부모와 선생님들에게 어떤 영향을 미치는지, 그리고 그것이 사람들의 자존감에 어떠한 영향을 미치는지 발견할 수 있었다.

착한 아이는
말을 잘 들어야 해

어렸을 때 부모님이나 선생님에게서 가장 많이 들었던 말은 무엇인가? 아마도 이런 말들이 아니었을까 싶다. 한번 돌아보자.

"부모님 말씀 잘 들어야 한다."
"다른 사람에게 폐 끼치면 안 된다."
"말 잘 들어야 착한 아이지."

강연에서 이렇게 말하면 많은 이들이 공감했다. 어렸을 때 이렇게 들으며 자랐다는 사람을 많이 보았다. 이런 말들은 자기 마음대로 생각하거나 행동하지 못하게 한다. 물론 부모님이나 선생님이 시키는 대로 따르는 게 가장 안전하고 인정받기 쉽기는 하다.

반대로 어른들이 시키는 대로 하지 않고 자기 생각대로 한다면 어떨까? 그럼 곧바로 사회의 질서를 깨뜨렸다는 어른들의 꾸지람을 받게 되고, 자신의 생각이나 감정을 주장할 수 없을 것이다. 이것은 그 사람 자체가 부정당하는 것과 다름없다. 그래서 우리는 종종 이런 생각을 했다.

'이렇게 하면 어른들이 싫어할 거야. 하지만 어른들은 왜 나를 이해하려고 하지 않는 걸까?'

이처럼 독립적으로 사고하거나 내 감정을 중시하기보다 타인의 생각을 따라야 한다고 교육받았다. 성장 과정에서 주입된 관행으로 우리는 다른 사람과 다른 내 모습을 점점 더 받아들이기 힘들어졌고, 다르게 느끼고 생각하는 게 얼마나 당연하고 중요한 일인지 믿을 수 없게 되었다.

그렇게 우리는 타인과 다른 진짜 내 모습이 얼마나 중요한지 잊게 되었다.

물론 어른들 말대로 따르는 것만이 정답이라고 생각하지 않는 부모님이나 선생님이 있을 수 있다. 하지만 주류 가치관을 보면 자기 생각대로 하려는 아이를 지지하는 어른은 그리 많지 않다. 그것은 때로 큰 용기가 필요한 일이어서 굳은 결심과 단호한 결단이 있어야만 가능하다. 그래야만 이 사회의 평가와 간섭으로부터 아이를 보호하고 자유로울 수 있다.

어렸을 때 학교에 다니던 시절에도 비슷한 경험을 했었다.

나는 질문이 참 많은 학생이었다. 수업시간에 손을 들고 질문을 자주 했는데 돌아보면 꽤나 특이하고 어려운 질문이 많았다. 선생님은 그런 나를 골칫거리로 생각했고 일부러 자기를 난

처하게 만든다고 여겼던 것 같다. 엄마에게 자주 전화를 걸어 '말을 잘 안 듣는 학생'이라며 원망 섞인 목소리로 불만을 터트리기도 했다.

엄마는 타인의 시선을 매우 의식하는 사람이었다. '모난 돌이 정 맞는다'는 생각으로 무리 속에서 튀지 않는 무난한 딸로 키우고 싶어 하는 전통적인 여성이다. 호기심이 강하고 질문을 많이 하는 아이라는 걸 잘 알고 있었지만 선생님의 전화를 받고서는 마음이 몹시 불편했던 것 같다. 물론 그리 심각한 문제가 아님도 알았지만 '책임 있는 부모'로서 '말을 잘 안 듣는다'는 얘기에 대해서는 무언가 조치를 취해야 한다고 생각했다. 엄마는 '말 잘 듣는 착한 아이'가 되어야 이 사회가 용인해주리라고 본 것이다.

문제는 그 다음이었다. 당시 나는 영어 학원에 다니고 있었다. 학원 선생님은 외국에서 공부를 마치고 막 돌아온 분이었다. 그분은 발표도 잘하고 질문도 많아 주장을 잘 펼친다며 매우 훌륭한 학습 태도라고 칭찬을 아끼지 않았다.

엄마는 딜레마에 빠졌다. 선생님의 지시에 따르라고 가르치자니 개성을 잃을까 걱정되었다. 하지만 주류 가치관과 학교 선생님을 생각하면 사회에서 배척당할 것 같아 또 걱정이었다. 어떻게 하면 너무 튀지 않으면서도 지나치게 통제하지 않고 키울 수 있을지 심각하게 고민하게 됐다.

　고민 끝에 영어 학원 선생님과 상담을 하고 돌아온 엄마는 뭔가 깨달음을 얻은 것 같았다. 이후 학원 선생님의 칭찬과 격려는 자세히 전달한 반면 학교 선생님의 질책과 불평은 대충 그리고 간단히 말해주셨다.

　나는 그 학원 선생님과 엄마에게 깊이 감사하고 있다. 두 분은 자신의 방법으로 용기를 내셨고, 나를 보호해주셨다. 그 덕분에 '자아'가 형성되던 시기에 정체성을 지키면서 성장할 수 있었다. 나만의 특별한 기질을 인정하고 지지해준 덕분에 내게 따가운 시선을 보내던 이 사회에 맞설 용기를 얻게 되었다. 그로써 자아를 지켜냈고 '문제아'로 살면서도 어느 정도 자유를 누릴 수 있었다.

　당신에겐 과거의 나처럼 '말 안 듣는 아이'로 성장할 수 있는 기회가 없었을지도 모르겠다. 어른이 된 당신에게 지금이라도 '말 잘 듣는 아이'에서 벗어날 기회를 주고 싶지 않은가? 그래서 '진짜 내 모습'으로 살아보고 싶지 않은가? '진짜 내 모습'으로 살면 나의 감정이나 생각이 천천히 보이기 시작하고 그것을 수용하게 될 것이다. 그렇게 되면 다른 사람에게도 나를 보여줄 용기가 생긴다. 그래야 비로소 '진짜 나'를 인정하고 지

지하는 사람을 만날 수 있다. 그럴 때 자신을 인정하고 신뢰할
수 있게 된다. 꼭 기억하자. 진짜 나의 모습은 존중받아 마땅하
며 사랑받을 가치가 있다는 것을.

늘 부족했고
더 잘해야 했던 날들

"좋았어. 그렇지만 더 노력하도록 해."
"걔가 너보다 잘해."
"뛰는 놈 위에 나는 놈이 있다니까."

이런 말들을 귀에 못이 박히도록 들었는가?
어렸을 때부터 우리에겐 늘 이런 요구도 따랐다.

"아무래도 더 노력해야겠다."
"잘할 수 있는데 이만큼밖에 못했잖니. 더 해봐."
"지금의 결과에 만족해선 안 돼. 뭐가 부족한지 생각하고
노력해봐. 그렇지 않으면 너무 게으른 거라고."

이렇게 우리는 '늘 부족한' 인생을 살아왔다. 그래서 아무리 노력해도 모자라다고 느꼈고, 더 잘해야 한다고 생각했다. 우리는 잘한 부분에 만족할 수 없었다. 그건 '자만'이고, 만족하면 '성장'할 수 없다고 배웠기 때문이다. 항상 '반성'을 통해 잘못을 뉘우쳐야 했고 그 과정은 부족한 점이 보이지 않을 때까지 반복됐다.

문제는 부족한 점이 없어지는 날은 영원히 오지 않을 거라는 사실이다. 항상 부족하다 느끼기 때문에 그렇다.

심리연구가 브레네 브라운Brene Brown은 그의 저서 《마음가면》에서 항상 부족하다 느끼는 문화는 인간의 강한 '결핍감'에서 비롯된다고 말한다. 이 결핍감으로 인한 걱정과 초조함으로 자괴감을 느끼며 자꾸 남과 비교하고 심지어 자신의 감정을 외면한 채 스스로 만든 가면 뒤로 숨어버린다는 것이다. 그렇게 사람들은 '방관자'가 되어 내 감정을 강 건너 불구경하듯 바라본다. 자기감정을 중시하고 연연하는 모습은 곧 '지는 것', '쿨하지 못한 것'이라고 보는 문화가 있기 때문이다. 그래서 사람들은 최종 목표에 도달하지 못하면 자신을 '쓸모없는 사람'이라 생각하며 능력도 없고 형편없다고 여긴다.

브라운은 사람들이 수치심과 자괴감으로 인해 '진짜 자기

모습'을 드러내길 꺼린다고 말한다. 결핍감과 낮은 자존감이 불러온 자괴감은 '닭이 먼저냐, 달걀이 먼저냐'와 같은 문제다. 자괴감은 결핍감을 불러오고 결핍을 느끼면 또다시 자괴감에 빠지면서 자신을 부족하다 여기기 때문이다. 그리고 항상 부족하다 느끼는 문화 때문에 이리저리 휩쓸리는 인생을 살아간다고 꼬집는다.

　사람들은 결핍감에서 벗어나기 위해 흔히 '비교'라는 방법을 사용하는데, 비교의 대상을 기준 삼아 뭐가 부족한지 판단하고 그것을 손에 쥐기 위해 노력하기 때문이다. 그렇게 노력하는 모습을 보여주면 목표에 도달하지 못하더라도 그나마 사람들 앞에서 '체면'은 지킬 수 있다고 생각한다.

　성공을 이뤄내 남들의 박수와 부러운 시선을 받을지라도 남는 것은 허전함과 공허함뿐이다. 결국 또다시 스스로를 교정하고 완벽하다 느낄 때까지 부족함을 메우는 작업을 쉼 없이 반복하게 된다.

　완벽한 그날은 영원히 오지 않을 것이다. 그래서 늘 초조하고 부족하다 느끼며 만족하지 못할 것이다. 남이 무엇을 더 가졌는지에만 집중하기 때문에 늘 자괴감에 시달리며 스스로를 탓할 뿐이다.

용납되지 않았던
실수와 잘못

항상 부족하다 느끼며 끊임없이
자책하는 문화에서 실수는 당연히 용납되지 않는다. 늘 완벽을
좇아 살아야 한다. 그 과정에서 저지르는 실수나 잘못은 용서받
지 못할 큰 죄로 간주된다.

예전에 한 친구가 숨겨둔 이야기를 털어놓았다.

하루는 그 친구가 지인과 식당에 밥을 먹으러 갔다. 옆 테
이블에 있던 꼬마는 실수로 친구네 테이블에 부딪혔고 테이블
에 놓여있던 컵이 순식간에 바닥으로 떨어져 깨져 버렸다. 소란
스러움에 식당에 있던 모든 사람이 그쪽을 쳐다봤고 직원이 달
려와 유리 조각을 치워주었다. 그런데도 아이의 부모는 사과는
커녕 아무런 말이 없더란다.

친구는 꼬마가 반사적으로 했던 그 짧은 말이 지금도 생생
하다고 했다.

"제가 그런 거 아니에요."

그는 집에 돌아가 곰곰이 그 일을 생각해 보았다고 한다.

그러다 평소 작은 실수에도 과민하게 반응하는 자신을 발견했다. 아내가 물을 쏟거나 물건을 떨어뜨리는 것과 같은 그냥 넘어갈 수 있는 사소한 실수를 해도 굉장히 격양되곤 했는데, 그럴 때 튀어나오는 말이 있었다.

"난 아니야. 이거 누가 그런 거야?"

반대로 자신의 실수로 물건을 떨어뜨리기라도 하면 두려움이 생기고 심지어 화가 나기도 했다. 한번은 아내가 물건을 잘 놔두지 않아서 떨어뜨렸다며 아내에게 잘못을 뒤집어씌웠다고도 했다. 그런 그에게 아내는 참지 못하고 화를 냈다.

"내가 보기엔 별것도 아닌 일인데 당신은 왜 그렇게 화를 내? 그냥 닦아내면 그만인걸. 다친 사람이 없는 게 제일 중요하지. 실수로 그런 거고 그리 대단한 일도 아닌데 굳이 잘잘못을 따질 필요가 뭐 있어? 그냥 원래대로 해놓고 다치지는 않았는지 확인하면 되는 거 아냐?"

아내의 말을 듣자 식당에서의 일이 떠오르며 '왜 그럴까?'라며 스스로에게 물었다고 한다. 그리고 용기를 내 내면을 마주하기 시작했다. 실수 후에 내면에서는 무슨 변화가 생기는지 살피기 시작한 것이다.

그는 잘못했을 때 곧바로 죄책감을 느끼고 심지어 수치심으로 연결하는 자신을 발견했다. '내가 잘못했어', '다 내가 못나서 그런 거야', '역시 난 별 볼 일 없는 사람이야'라고 생각하며 자신에게 형편없다고 손가락질하는 것을 깨달았다.

더욱 용기를 내어 좀 더 과거의 기억으로 거슬러 올라갔다. 그러자 실수했던 자신을 엄하게 혼내던 부모님의 모습을 떠올릴 수 있었다. 그때마다 부모님은 심한 말을 하면서 매를 들기도 했다.

무슨 잘못 때문에 혼이 났는지는 기억나지 않는다고 했다. 하지만 일단 실수를 저지르면 심한 말과 함께 매질이 이어진다는 공포만은 마음에 깊이 새겨져 있었다. '실수는 나쁜 거야', '실수는 다른 사람을 실망시켜', '실수하면 사랑받지 못할 거야', '완벽해져야 해' 그는 지금까지 이렇게 믿어왔다.

그는 모든 일에 완벽해야만 한다는 생각으로 만사에 높은 기준을 적용했다. 덕분에 일이나 학업에서 좋은 성과를 거뒀다. 대신, 자신의 꿈과 하고 싶은 일을 포기해야 했다. 해보지 않은 일을 시도했을 때 성공하리라는 보장이 없었기 때문이다. '좋아하지만 익숙하지 않은 일인데 성공할 수 있을까? 완벽하게 해낼 수 있을까?' 확신이 없던 탓에 쉽사리 도전하지 못했다.

'완벽하게 해내지 못하면 사람들은 날 형편없다고 생각할 게 분명해.'

이건 그에게는 너무도 끔찍한 일이었다.

친구는 그렇게 힘들지만, 솔직하게 이야기를 털어놓았다. 특히 용기를 내 과거를 마주했던 부분에서는 그가 대단해 보이기도 했다.

그가 느꼈던 공포는 매우 실제적이면서도 거대했다. 그랬기에 완벽주의라는 그늘에 숨는 것이 더 안전하다 느꼈고, 그래야 나약하지 않은 존재인 듯 느꼈던 것이다.

'완벽주의'라는 단어는 나쁜 뜻보다는 좋은 뜻으로 더 많이 사용되고는 한다. 그래서 이 말 뒤에 숨어버리면 '불확실한 도전'으로 인해 느끼게 되는 불안과 무능하다는 생각을 떨쳐버릴 수 있고 '형편없는 나'라는 감정을 느낄 필요가 없게 된다.

특히 완벽주의자가 되면 어느 정도 '통제감'을 느낄 수 있다. 내 부족함을 전부 메우고 완벽하게 뭔가를 해내면 스스로를 형편없는 사람, 쓸모없는 사람이라 의심하지 않아도 되기 때문이다. 이것이 완벽주의의 가장 훌륭한 기능이다. 먼저 방어막을 치고 가장 완벽한 상황을 준비하는 것이다.

우리는 완벽하지 못한 나, 실패할지도 모르는 나를 참지 못한다. 그것은 곧 부족한 나를 드러내는 길이어서 받아들이기 힘들고 제거해야 한다고 생각하기 때문이다. 하지만 공교롭게도

'실수하는 나'의 모습이 가장 진실하고 용감한 모습이다. '완벽한 나'는 이 사회가 원하는 기준에 부합하는, 가면 쓴 '거짓된 나'라는 사실을 알아야 한다.

완벽한 모습을 추구할수록 실수를 받아들일 수 없고 연약한 나는 점점 더 용납할 수 없다. 그렇게 진짜 내 모습에서 점점 멀어지면 사랑받을 만하고 용인될 수 있다는 사실을 믿지 못한다. 결국 '나도 용납할 수 없는 나를 누가 받아주겠어?'라고 생각하기에 이른다.

이렇게 '완벽주의를 추구하는 문화'와 '실수나 실패를 용인하지 않는 문화' 때문에 우리는 창의력과 용기를 모두 잃어버리고 있다. 그리고 쉽게 꿈을 포기하고 이 사회가 인정하는 길로만 걸어가게 된다. 그렇게 다른 이들이 정해놓은 목표를 향해 걸음을 내딛는다.

실수는 누구나 할 수 있다. 우리가 '사건'과 '자아'를 분리해서 바라본다면 진실한 내 모습을 마주할 수 있다. 설령 아무리 뛰어난 능력을 가진 사람이라도 누구나 실수는 할 수 있다. 실수나 실패를 하는 것은 그 일에 서툴러서이지 내가 못나서가 아니라는 사실만 기억하면 된다.

권위에 대한 일방적 순종과
감정의 억압

"부모님이나 선생님 말씀을 잘 들어야 해."
"다 너를 위해 그러시는 거야."

가정이나 학교에서는 '권위'의 정당성을 늘 강조했었다. 부
모님과 선생님의 권위는 의심하면 안 된다고도 배웠다. 심지어
이 권위의 정통성을 유지하기 위해 일부는 도덕적 규범을 사용
하기도 했고 '학칙'이라는 이름으로 권위에 반항하는 학생을 위
협하거나 징계하기도 했다.

"부모님 말씀 안 듣는 아이는 나쁜 아이야. 불효라고."
"선생님 말씀을 어기면 학칙에 따라 징계를 받을 거야."
"부모님께 효도하고 선생님을 존경해야 해."
"어른들 말씀 잘 들어. 심려 끼치지 마라."

일단 내 생각이 '권위'와 다르면 여러 제지를 받았다. 권위
자의 실질적인 제지도 있었고 나도 모르게 심리적으로 권위의
정당성에 위축되어 따르는 경우도 있었다. 하고 싶은 일을 하려

했을 때도 권위의 평가에 전전긍긍하며 초조해했다. 이러한 교육환경과 문화에서 권위는 나의 가치를 결정지을 수도 있다는 생각을 하며 자랐다.

　권위가 우리의 생각이나 감정을 부정해 아픔을 느끼는 경우도 많았다. 이성적으로 생각하면 권위의 결정이 늘 옳지 않았음에도 오랜 습관으로 인해 시키는 대로 하지 않으면 틀린 것이라고 느꼈다. 심지어 나의 생각과 감정마저 틀린 것처럼 보였고 무의미해 보이기까지 했다. 이렇게 성장해 직장에 들어가면 가까운 선배부터 상사 등이 또 다른 권위가 되었다. 그들은 나의 행동과 사고를 지시했고 잘잘못을 판단했다.

　직장상사가 무언가를 요구했는데 들어주지 않으면 열정도, 능력도 없는 사람으로 간주됐다. 직장 내에는 보이지 않는 규칙이 있었다. '스트레스도 잘 견디고 책임감 있는 사람이 되어야 해. 상사의 지시를 따르지 않으면 딸기족이라 불릴 거야.'

　상사의 지시대로 따르는 것은 매우 당연한 일이었다. 설령 불합리할지라도 모두 나를 위한 것이라 여겼다. 일방적으로 명령하고 지시하는 권력에 불만이 생겨도 겉으로는 표현하지 못했고 대항해서는 안 되는 것이었다. 왜냐하면 우리는 이미 그런 권위의 요구를 들어주고 규정을 따르며 질책 받는 것에 익숙해졌기 때문이다.

우리는 권위는 언제나 옳다 여겼다. 권위의 지시가 있으면 먹이사슬의 가장 아래에 놓인 동물처럼 생각을 주장하지도, 요구를 거절하지도 못했다. 그렇지 않으면 살아남을 수 없었고 건방진 사람으로 분류됐다. 상처받은 감정 같은 건 애초에 존재하지 않는 것이었다. 우리는 아픔을 합리화해야 했고, 불합리한 요구를 이해해야만 했다. 심지어 인신공격성 폭언과 질책도 '나를 위해서'라고 여기면서 말이다. 엄한 스승 아래에서 훌륭한 제자가 나오고, 회초리 끝에서 효자가 나오기 때문이고 사랑한다면 엄하게 다스려야 한다는 가르침을 받아왔기 때문이다.

그렇게 우리는 권위자가 주는 상처와 무시를 미화하는 데 많은 시간과 에너지를 쏟았고 이로써 상처받은 자아의 기분을 달래주었다. 그래야만 이런 환경 속에서 계속 인내하고 생존할 수 있었다.

그러는 사이 우리는 중요한 사실을 잊어버렸다. 사람이라면 누구나 감정과 욕구가 있고, 모든 사람의 감정과 욕구는 존중받고 이해받아야 마땅하다는 것 말이다. 관계에서 한 사람만 일방적으로 큰 목소리를 내서는 안 된다. 한 사람만 '당연히' 상대방의 요구를 들어줄 필요는 없는 것이다.

사실 권위자와의 상호작용 역시 두 사람으로 이뤄진 관계다. 모든 인간관계는 평등하다. 직위나 신분이 달라도 모든 사람은 독립적인 개체이며 존중하고 또 이해받아야 한다. 하지만 안타깝게도 우리 문화는 권위자에 대한 순종만 가르칠 뿐 어떻게 다른 사람의 감정을 존중하는지 알려 주지 않는다. 또 그로 말미암아 다른 이에게 상처 주는 일은 없어야 한다는 것도 가르치지 않는다.

이런 문화 속에서 우리는 권위자에게 순종하는 법만 배워 왔다. 권력의 낮은 단계에 있는 사람이 억압받고 강요당하는 것이 점점 익숙해지면 자아는 모습을 감출 수밖에 없다. 훗날 이들이 권위자가 되면 안타깝게도 똑같은 방식으로 순종을 강요하고 자신이 가진 권력과 가치를 드러내려 하지 않을까? 타인을 존중하는 행위야말로 진정한 자신의 가치를 드러내는 길이고 다른 사람이 자신의 가치를 알아보게 하는 가장 강력한 방법임을 알아야 한다.

정서적 협박에서
나를 지키는 방법들

•
•
•

내 감정을 돌보는 연습

앞에서 자존감이 정서적 협박에서 벗어나는 중요한 기초가 된다고 말했다. 자존감은 지금 나의 삶이 행복한지를 판가름하는 중요한 근거가 되기도 한다.

자존감이 낮고 상처받은 사람들이 내게 자주 하는 질문이 있었다.

"지금 저의 가장 큰 문제가 낮은 자존감이라면 어떻게 회복해야 하죠? 더 많은 성과를 거두면 될까요? 아니면 정말 어려운 일에 도전해야 할까요?"

혹시 이런 질문을 해본 적이 있을지도 모르겠다. 그런데 자존감을 높이고 자신감을 회복한다는 게 어쩐지 좀 모호하고 추상적이라고 느껴지지는 않는가? 이럴 경우 내담자들에게 해주는 나의 대답은 간단하다.

"그럴 필요 없어요. 그저 감정을 돌보는 연습을 하세요. 그거면 충분해요."

'내 감정을 돌보는 연습이라고? 그게 그렇게 중요한가? 내 감정을 돌본다는 게 자존감을 높이는 데 도움이 될까?' 이렇게 생각할지도 모르겠다.

나의 삶은 늘 타인의 감정에 따라 돌아가고 있지는 않은가? 남의 부탁을 들어주고 기분을 살피느라 정작 나의 감정은 무시하지 않는가? 그리고 끊임없이 타인의 기분과 감정에 주목하고 남을 만족시키기 위해 노력하지 않는가? 물론 그런 과정을 통해 능력은 점점 강해질지도 모른다. 타인의 부탁을 들어주려면 어쨌든 그 문제를 해결할 능력이 필요하기 때문이다. 그러나 그 과정에서 나는 점점 뒤로 밀려 중요하지 않은 존재로 전락한다.

늘 남의 감정에만 신경 쓰고 그들의 부탁과 요구를 최우선에 두느라 정작 나를 억울한 상황 속에 몰아넣고 있다면, 시간이 흐르면서 나의 감정은 별로 중요하지 않게 느껴지고 결국 나를 중요하지 않은 사람처럼 대하게 된다. 다른 사람 역시 자신에게 협조하는 모습을 보면서 감정과 생각을 무시하고 홀대하게 될 것이다. 가만히 생각해 보자. 나부터 스스로의 감정과 생각을 무시하고 있는데 다른 사람에게 그 책임과 의무가 있다고 말할 수 있겠는가?

내 감정과 생각을 돌보는 연습을 시작하면 어떻게 나를 아껴줄 수 있는지 배울 수 있다. 나는 얼마나 중요한 사람인지 그리고 타인과의 상호작용에서 절대로 희생양이 되어서는 안 될 존재라는 것도 느낄 것이다.

내 감정을 돌보고 존중하기를 시작하면 생각을 표현하고, 남의 부탁을 거절하고, 권익을 지키기 위한 목소리를 내는 법도 함께 배울 것이다. 이렇게 되면 내면에 더 큰 용기와 힘이 생기게 된다. 결국에는 내가 얼마나 중요한 사람인지를 스스로 깨달을 수 있다. 다른 사람 역시 나의 생각과 거절 의사를 들으면서 나를 이해하게 된다. 그렇게 되면 원하는 방법으로 존중받으며 소통하게 될 것이다.

혹시 다른 사람이 나의 감정과 생각을 자주 무시한다는 느낌이 든다면 먼저 한 가지를 기억하자.

내 머릿속 생각과 마음의 감정을 표현하지 않으면 대체 뭘 원하는지 남들은 알 길이 없다. 그러다 보면 내 생각을 무시하는 것이 너무도 당연한 일이 되어 버린다. 상대방이 나쁜 뜻을 가지고 있어서라기보다 내가 매사를 걱정하기 때문이다. '내 생각을 말해서 날 미워하면 어쩌지?', '나를 까다로운 사람이라 생각하면 어쩌지?' 하고 말이다. 이런 걱정은 진심을 말했을 때 나타날 안 좋은 결과에 너무 집중하게 하고 상대방을 신뢰하지 못하는 모습만 두드러지게 할 뿐이다.

다시 말하지만, 내가 말하지 않으면 상대방은 절대 알 수 없다. 뭘 원하는지 모르기 때문에 주의를 기울일 수 없고, 그런 모습에 실망하며 '역시 나는 가치 없는 사람이야'라고 생각하게 된다. 뭘 원하는지 알지 못할 뿐, 사실은 나를 위해 기꺼이 뭔가를 해주고 싶어 하는지도 모른다.

내 감정을 돌보는 연습은 권리와 이익을 지키는 일이 될 뿐만 아니라 이 세상과 타인을 신뢰하고 있음을 보여주는 계기가 될 수 있다.

상대방을 향한 나의 믿음을 보여주면 내면에 알 수 없는 기쁨과 힘으로 가득 차는 걸 경험하게 될 것이다. 물론 상대방의 반응은 기대와 다를 수 있다. 그들은 변해버린 나에게 상처를 받을지도 모른다. 더 이상 최우선순위가 아니기 때문이다. 어쩌면 그런 나를 공격할 수도 있다. 그리고 예전처럼 그들의 생각과 감정을 우선순위에 놓아달라고 요구할지도 모른다. 그럴 때일수록 이 사실을 기억하자.

관계에서 한쪽만 감정을 표현하고 그 사람의 요구만 수용된다면 더 이상 평등하고 건강한 관계가 아니다.

상대방을 믿고 감정을 표현하고자 하는 것은 용감한 행동이다. 혹 상대방의 부탁을 거절한다 해도 그건 내 잘못이 아니다. 그래도 계속해서 나의 입장을 알려야 한다. 최소한 더 이상은 내 감정을 희생하면서까지 요구를 들어주는 일은 없을 것이라는 뜻을 분명히 전해야 한다. 그렇게 권익을 지키기 위해 용기를 내면서 나를 지키는 법을 배워갈 것이다.

'너무 이기적인 것 아닐까?' 어쩌면 이런 생각을 할지도 모르겠다. 하지만 내 감정과 생각을 보호하고 존중하려고 상대방의 희생을 강요하지 않았다. 그렇기에 결코 이기적인 행동이 아님을 기억하자. 상대방이 자신의 바람을 이루기 위해 희생을 요구한다면 그것이야말로 이기적인 행동이다.

타인의 권리와 이익을 침해하지 않는 범위에서 내 생각과 감정을 돌보는 것은 나를 보호하고 존중하는 일이며 자존감을 높이는 가장 좋은 방법임을 잊지 말자.

자기감정 돌보기: 내 감정적 경계선 인지하기

내 감정을 돌보는 연습을 시작했다면 진짜 나를 찾는 연습도 함께 시작해야 한다. 어쩌면 과거에는 감정을 돌아볼 수 없었거나 내가 뭘 좋아하고 싫어하는지 고민해 볼 기회조차 없는 환경에서 자랐을지도 모른다. 그리고 오랫동안 감정을 억누르면서 타인 위주의 삶을 살아왔다면 스스로 보잘것없는 존재라 여기며 모든 감정과 생각을 외면하는 데 익숙해졌을 것이다.

감정을 숨기고 억누르는 데 익숙한 사람이라면 과연 나는 무엇을 좋아하고 싫어하는지, 불편해하는 것은 무엇인지, 언제 가장 많이 화가 나는지, 어떤 일에 슬픔과 고통을 느끼는지 잘 알지 못한다. 어떤 일에 가장 열광하고 즐거워하는지도 당연히 모를 수밖에 없다. 내 감정을 돌보기 시작했다면 오랜 벗을 다시 알아가듯 나를 다시 관찰해야 한다.

지금껏 누군가로부터 나의 감정적 한계선이 침범 당했을 수도 있겠다. 그리고 부정적 감정이 생기기라도 하면 습관적으로 억누르거나 미화하고 심지어 그런 감정을 못 본 체했을수도 있다. 과거에는 이런 것들이 살아남을 수 있었던 '생존전략'일 수도 있다. 그렇지만 지금은 삶을 피폐하게 만드는 주요 원인이 되어 버렸을 것이다. 감정은 이미 메말랐고, 삶의 의미나 즐거움조차 느끼지 못하는 지경에 이르렀을지도 모르기 때문이다. 그러니 지금 가장 필요한 일은 '전략'을 수정하고 다시 태어난 사람처럼 나를 새롭게 알아가면서 이 세계를 탐구하는 일이다.

불편한 감정을 느끼면 반사적으로 나오던 반응이 있을 것이다. 그런 반응에는 감정의 억압과 무시, 퇴색과 합리화, 도망 등이 포함되는데 이를 '방어기제'라고 부른다. 만일 이런 습관이 있음을 발견했다면 앞으로 불편한 감정이 느껴졌을 때 이렇게 하자.

먼저, 방어기제를 풀고 그대로 멈춘 채 불편함과 분노 혹은 절망과 슬픔의 감정을 온전히 느끼자. 이것은 꽤나 힘든 작업이다. 도망가고 싶다면 스스로에게 이렇게 말해 주는 것이다.

"지금은 불편하고 힘들지만, 그래도 견딜 수 있어."

평소 나를 편하게 만들었던, 혹은 불편하게 만들었던 감정을 작은 일부터 시작해 온전히 느껴보는 연습을 시작하자. 불편한 감정을 마주하면 그대로 멈추거나 글로 적은 뒤 '이 불편한 감정은 대체 뭐지? 어떻게 해야 불편함을 없앨 수 있을까?'라고 스스로에게 물어 보자. 이런 과정을 통해 나의 감정과 기분에 공감하면 나를 더 잘 이해할 수 있게 된다.

그렇게 좀 더 빨리 그리고 깊이 나의 감정과 기분을 알아가면 존중할 수 있게 되고 더 이상 나를 억압하거나 외면하지 않을 수 있다. 시간이 지나 나에 대한 이해가 깊어지면 세상과 소통하는 법을 배우고 나라는 사람의 존재 의미도 깨달을 수 있을 것이다.

자기수용:
거짓 나를 버리고 받아들이기

"다른 사람 처지에서 생각해봐야 하지 않을까요? 사실 그런 작은 일로 마음 쓰면 안 되기는 하는데……. 이기적이고 계산적인 사람은 되기 싫거든요. 이런 제가 정말 싫어요."

이 말에는 다양한 가치관이 복합적으로 포함되어 있다. 스스로 정한 기준을 충족하지 못하는 자신을 미워하고 비난한 적

없는가? 나의 어떤 부분 때문에 미움을 사고 비난받는다고 생각한 적이 있을 것이다. 심지어 그런 나를 부정하고 싶어서 스스로를 맹렬히 비난하고 어떻게든 '교정'하려 했을 수 있다.

많은 경우 이런 말을 하며 상담을 요청한다.

"선생님, 저 상담이 필요해요. 변하고 싶거든요. 좀 더 괜찮은 내가 되고 싶어요."

많은 사람이 '더 괜찮은 나'로 변하고 싶어 한다. 아주 훌륭한 생각이다. 하지만 현재의 나를 형편없다 여기고 심지어 내게 있는 특징을 부정한다면 오히려 더 심각한 결과를 초래할 수 있다. 바로 난 최악이라고 느끼는 수치심에 빠져 자존감이 낮아지는 것이다. 내가 줄곧 '자기수용'의 중요성을 강조하는 이유가 바로 여기에 있다.

"스스로 부족하다 느껴야 성장할 수 있는 것 아닌가요? 지금의 나를 그대로 수용하는 건 지나치게 너그러운 처사라고 생각해요. 자신에게 너무 관대하면 고칠 기회도 없으니 성장도 없을 테고, 그 자리에 머물 것 같은데요?"

이런 말 처럼 자기수용을 나에게 너무 관대하고 너그럽게 대하는 것 같다고 생각하는 사람이 적지 않다. 어쩌면 당신도 그런 생각을 하는 사람 중 한 명일지도 모른다. 나도 예전에는 같은 생각을 했었다.

　가정이나 학교에서 '쇠는 두드릴수록 강해진다', '회초리 끝에서 효자가 나온다'는 교육을 받으며 자란 우리의 머릿속에는 '성장하려면 끊임없이 스스로를 꾸짖고 채찍질해야 해' 같은 생각이 주입되어 있다. 반면 나의 다양한 특성을 어떻게 수용해야 하는지는 아무도 가르쳐 주지 않았다. 그래서 내가 가진 고유의 특성과 기질이 때론 관계를 어렵게 만드는 원인이라고 생각했다. 이 사회가 기대하는 바와 다른 모습이 보이면 그것을 부정하고 심지어 버리려고도 했다.

　한번 생각해 보자. 그렇게 스스로를 질책하고 비난할 때 어떤 느낌이었는지 말이다. 나의 특성이나 기질은 비난 후에 바뀌었을까? 아니면 일상에서의 작은 배움이나 꾸준한 연습을 통해 바뀌었을까? 만일 후자라면 그건 내가 원해서 했던 것이지 질책과 비난으로 인한 두려움에서 시작한 것이 아니다. 때로는 자신을 향한 비난과 외부의 기대 때문에 이미 바뀐 것처럼 연기를 하기도 한다. 마치 공장의 생산라인에서 제품을 골라내 하자는 없는지 검수하듯 기준에 맞추기 위해 다른 사람이 된 양 꾸며내는 것이다. 그럴수록 내면에는 공허함만 차오른다. '합격' 도장을 받았더라도 그건 진짜 모습이 아닌 꾸며낸 나, 연기하는 '거짓 나'이기 때문이다.

점점 그런 내가 미워진다. 연기하는 내가 밉고, 거짓 나의 모습만 좋아하는 사람들도 밉다. 하지만 그러면서 점점 자신감을 잃어가고 다른 사람의 칭찬과 인정을 갈구한다. 그러니 '거짓 나'를 버릴 수 없게 되어 버린다. 진짜 나의 모습을 인정하고 좋아하는 사람은 없으리라고 생각한다. 이렇게 낮아진 자존감은 악순환으로 이어진다.

사실 거짓 나를 연기하느라 다른 사람에게 진짜 모습을 보여줄 기회가 없었다. 나의 진정한 모습을 받아들여줄 기회조차 없었던 것이다. 나조차 스스로를 수용하지 못하는데 하물며 다른 사람은 어떨까? 그럴수록 진짜 모습을 보여주길 두려워하고 남들의 인정을 받을 수 없을 거라 생각하게 된다.

과거에 진정으로 사랑했던 사람을 떠올려보라. 그 사람 앞에서는 다른 어떤 사람이 될 필요가 없었다. 그가 사랑한 사람은 '있는 그대로의 나'였다. 당시 더 좋은 사람이 되고 싶다고 생각하지 않았는가? 그때를 떠올리면 마음이 기쁨으로 가득 차지 않는가? 그 이유는 나를 믿어주고 수용했기 때문이다.

나를 있는 그대로 받아주고 수용하는 단 한 사람만 있어도 놀랄만한 힘이 생기고 변화가 일어난다. 그렇다면 나와 가장 가까이 있는 '나 자신'이 지금의 모습을 있는 그대로 받아준다면 어떨까? 잘하는 것도 있지만 못하는 것도 있는 나를, 잘난 부분도 있지만 못난 부분도 있는 지금 그대로를 질책이나 비난 없이 받아준다면 말이다. 그게 바로 나라는 사실을 인정하자.

모든 면을 남김없이 수용해야 한다. 왜냐하면 그게 바로 나이기 때문이다.

이러한 수용과 믿음이 가져다주는 긍정과 지지 그리고 안정은 상상을 초월할 정도로 어마어마하다. 그래서 자기수용은 나를 향한 비난과 질책을 비로소 멈추게 한다. 나아가 자신에 대한 믿음을 주고 자존감을 높이며 용기를 주기에 정서적 협박에서 벗어날 좋은 방법이 될 수 있다.

감정 회복:
감정과 생각을 용기를 내 말하기

나의 감정을 돌보고 나를 수용하기 시작했다면 이미 자존감을 높이는 든든한 기초를 다진 것이다. 이 기초를 더욱 공고히 하기 위해 '내 감정과 생각 표현하는 연습'을 시작하길 바란다.

이 당부의 문장을 읽고 문득 여러 생각들이 머릿속을 스쳐 지나갔을 수 있다. '하지만 내 생각을 말하면 상대가 화를 내고 나를 미워할 텐데……' 혹은 '내 의견을 말했다가 분위기가 험악해지고 심지어 충돌이 일어나면 어쩌나……' 하는 걱정을 했을 수 있다. 사실 이런 일들은 최대한 피했으면 하는 상황일 것이다. 늘 화기애애한 분위기에서 모두가 즐겁고 행복하길 바라기에 내 감정을 숨기고 억누르면서 남의 말을 따르고 비위를 맞추는 데 이미 익숙해졌기 때문이다.

그런데 감정이라는 것은 오랫동안 참다 보면 잊어버리게 된다. 그리고 마치 하나도 중요하지 않은 것처럼 느껴지기도 한다. 심지어는 아예 감정이 존재하지 않는 것처럼 느낄 수도 있다. 결국, 감정뿐 아니라 나라는 사람의 '중요성'까지 차차 망각하게 되고 만다. 일단 나의 감정이 중요하게 여겨지지 않으면 나라는 사람의 존재 역시 중요하지 않은 듯 느껴지기 때문에 도미노처럼 연쇄적인 영향을 받게 된다.

앞에서 자존감을 회복하는 방법으로 자기감정 돌보기와 자기수용을 소개했다. 이는 '감정을 회복'하는 첫 걸음이 된다.

만일 감정들에 더욱 주의를 기울이고 충분히 수용하고 싶다면 내 생각과 감정을 표현하는 연습을 하자. 그래서 자신뿐 아니라 다른 사람도 감정을 직접 보고 들을 수 있게 하는 것이다.

용기를 내서 내 감정과 생각을 다른 사람에게 말하기 시작했다는 것은 나를 수용하기 시작했다는 뜻이며, 다른 사람에게 진짜 나를 용감하게 보여주기 시작했다는 의미이기도 하다. 이는 드디어 다른 사람에게도 내 감정과 생각을 이해할 수 있도록 하고 나를 수용하고 존중해줄 기회를 주기 시작했다는 것을 뜻한다. 그리고는 깨닫게 된다.

'내 생각을 표현하는 게 이렇게 중요하구나. 다른 사람도 내 생각을 존중해주길 원하고 있었구나.'

감정과 생각을 표현하는 연습을 하다 보면 때론 유쾌하지 못한 상황을 만나기도 한다. 그런 모습이 익숙하지 않고 심지어 무례하다고 느끼는 상대방은 어떻게든 바로잡으려 들며 묵묵히 잘 맞춰 주던 예전의 모습으로 돌려놓으려 할 수 있다. 이런 상황을 마주한다면 다음과 같이 되뇌어 보자.

'내 감정과 생각을 표현하는 건 잘못된 게 아니야. 다른 사람에게 피해를 주지 않는 범위에서 내 감정을 존중하고 내 요구를 충족시키면서 살아갈 가치가 있어. 난 다른 사람을 만족시켜 주려고 사는 게 아니야. 나조차 내 감정을 존중하지 않으면 남들은 더더욱 존중하지 않을 거야.'

이렇게 감정과 생각을 표현하는 연습은 감정의 '경계선'을 끌어올리는 연습이 되기도 한다. 즉 나의 표현을 통해 상대방은 '저 경계선 안은 그 사람의 영역이니 존중해 줘야 해'라는 사실을 깨닫고 결코 침범해서는 안 된다는 걸 인정하게 될 수 있다. 이렇게 되면 상대방이 나를 중요하게 생각한다는 사실을 깨닫고 관계에 있어서 내가 얼마나 중요한지 발견하는 기회를 얻는다. 그렇게 우리는 깨닫는다.

'아, 원래 내가 이렇게 괜찮은 사람이구나. 내가 이렇게 중요한 사람이었구나.'

감정 분리:
타인의 정서를 책임지지 않기

내 감정을 존중하기 시작하면 덩달아 배우게 되는 중요한 게 하나 있다. 바로 타인의 감정을 존중하는 법이다.

남의 감정과 기분에 신경을 쓰게 되면서 혹시라도 상대방의 기분이 좋지 않으면 '저 사람은 지금 왜 기분이 나쁠까? 저렇게 화를 내는 이유가 뭘까?'라고 계속 생각했을 것이다.

이렇게 내 감정보다 남의 감정과 기분에 더 신경 쓰고 주의를 기울이다보면 겪게 되는 어려움이 있다. 바로 그 사람을 대신해 그의 감정과 기분을 책임지려 하고 풀어주려 노력하는 것이다. 상대방의 기분이 별로라면 그 기분에 전염되어 무의식적으로 '나 때문인가?', '빨리 기분을 풀어줘야 할 텐데'라고 생각하고 책임지려 한다. 이런 생각이 들었을 때 바로 상대의 기분을 풀어 주지 못하면 '내가 못나서', '형편없는 사람이라서' 그렇다고 생각하게 된다.

이런 생각은 타인의 감정이나 기분을 마주했을 때 반사적으로 튀어나오는 하나의 '습관'이다. 그래서 주변 사람이 기분이 좋지 않으면 안절부절못하면서 비위를 맞춰 준다거나 피하곤 한다. 혹은 상대를 설득해보기도 하지만 심지어 화를 내기도 해 어떻게든 분위기를 바꿔보려 애쓰곤 한다.

방금 말한 네 가지 '대응책'은 무의식적으로 상대방의 기분을 풀어주려는 사람들이 많이 사용하는 방법이다. 이 대응책들을 좀 더 자세히 풀어 알아보자.

비위 맞추기

아무리 이성적으로 생각해도 상대방의 기분이 나쁜 것은 나와 전혀 무관한데도 긴장하고 무서워한다. 하지만 지금껏 비위를 맞추거나 도움을 주는 방식으로 상대방을 위로해 왔기 때문에 같은 방식으로 기분을 풀어주려 노력할 가능성이 높다. 이 방법을 사용하는 사람은 특히나 정서적 협박의 굴레에 쉽게 빠진다.

상대방이 눈에 띄게 부정적인 감정을 내비치면 걱정은 시작된다. 그리고 그의 기분을 풀어주기 위해 어떤 일이든 하려 들 것이다. 그래서 정서적 협박자는 부정적인 감정을 표현하기만 해도 자기 요구를 들어준다는 사실을 알아채게 된다. 그렇게 된다면 부정적인 감정으로 계속 협박할 테고, 나는 습관적으로 비위를 맞추며 그의 근심을 덜어내려 할 것이다.

도피

이런 가능성도 있다. '내가 못나서'라고 느끼면 상대방의 부정적인 감정을 마주했을 때 모든 게 내 탓이라고 생각한다. 이런 것이 너무 괴로운 나머지 '도피'의 방법을 써서 상대방의 부정적인 감정을 직접 대면하지 않고 피하려 한다. 이러한 도피 전략에는 감정을 아예 차단한다거나 그 자리를 떠나고 우스갯

소리나 얼렁뚱땅 다른 얘기를 하며 화제를 전환하는 것 등이 포함된다.

때로는 도피 전략을 위해 많은 시간을 할애해야 하는 경우가 있다. 상대방의 정서가 내게 어떤 영향을 미치는지, 어떻게 대응할 것인지 등을 생각해야 하기 때문이다. 그런데 이런 전략이 하나의 습관으로 굳어진다면 다른 사람과의 관계에 보이지 않는 벽을 만들 수 있고, 심지어 깊이 있는 인간관계나 친밀한 관계를 형성하는 데 문제가 될 수도 있다.

타인의 정서적 반응에 대한 두려움이 너무 크면 그 정서가 내게 미칠 영향과 상처만 생각하게 된다. 오히려 그런 부정적 정서를 통해 감정을 이해하고 소통할 수 있다는 점을 분별하지 못한다.

아이러니하게도 대부분 이 책임을 회피하고 싶어 한다. 상대방의 기분을 풀어줄 능력이 없다고 생각하기 때문이다. 그러다 보면 무조건 도피하는 방식으로 그 순간을 피하게 되는 것이다. 남의 감정을 대신 책임지는 데 익숙해진 결과다.

이런 생각은 그 누구라도 괴로울 수밖에 없다. 그래서 '도피' 전략을 사용해 부정적 감정을 모른 척하다 보면 '주변 사람들의 기분에 관심을 가지지 않는다'는 이야기를 듣게 될지도 모른다. 사실은 그 반대인데 말이다.

설득

가끔 나의 생각과 행동이 타인과 다를 경우 가치관이 다른 그들은 다른 정서와 반응을 보일 수 있다. 그런데 이럴 때의 정서는 대부분 부정적이다.

다른 사람의 감정을 대신 책임지는 습관이 있다면, 그들의 나쁜 생각을 이해하지 못하고 부정적 감정에 편입되는 상황이 일어날 수 있다. 상대방의 부정적 정서로 인해 받게 되는 압박은 무척 크다. 심지어 내 존재가 부정당하는 느낌이 들기에 어떻게든 상황을 전환해 나의 가치관을 해명하고 설득하려 든다. 하지만 그런 설명과 가치관이 받아들여지지 않을 경우 큰 절망과 좌절에 휩싸이게 된다. 이런 상황은 친밀한 관계나 가족 관계에서 종종 볼 수 있다. 한 상황을 예로 들자.

● 딸이 기분이 상한 채로 집에 들어왔다. 딸의 표정은 한눈에 봐도 너무 좋지 않았다. 왜 그러는지 물으니 업무적인 어려움으로 좌절을 겪은 데다 상사에게 혼까지 났다고 했다. 이유를 듣고 난 부모는 딸을 위로했다.

"직장에서 상사에게 혼나는 일은 비일비재하잖아. 괜찮아, 끙해 있지 말고 그만 기분 풀어!"

그런데도 딸은 전혀 위로가 되지 않는 듯 보였다. 도리어 이렇게 소리쳤다.

"됐어요, 상관 마세요!"

결국 부모는 딸을 꾸짖었다.

"너, 지금 말하는 태도가 그게 뭐야? 그리고 별것도 아닌 일로 그렇게 죽상을 하고 있으면 돼? 회사 다니면서 그만한 스트레스도 못 견뎌?"

위로하려던 부모가 외려 화를 내며 혼을 내니 딸은 기분이 더욱 상했다.

도대체 어떻게 된 일인가? 이것은 부모가 자녀의 감정을 대신 책임지려 하는 전형적인 상황이다.

기분이 상해 풀이 죽은 딸을 보자 부모는 무의식적으로 '딸의 기분을 풀어줘야 해, 그게 내 책임이니까'라고 생각했을 것이다. 부모는 기분이 상한 딸을 보기 힘들었고 또 걱정이 된 것이다. 그래서 습관적으로 자신의 가치관을 '설득'했고, 딸이 감정을 포기하면 기분이 좋아지리라 생각했다. 하지만 부모의 설득은 효과가 없었다. 어쩌면 딸은 그저 혼자 조용히 있고 싶었는지도 모른다. 그러나 자신의 전략이 통하지 않음을 본 부모는 절망하고 좌절했다. 그리고 성공적으로 딸의 기분을 풀어 주지 못했다는 생각에 무능하다고 느끼게 됐다. 그러자 무능하다는 끔찍한 생각에서 벗어나 자신을 보호하기 위해 화를 낸 것이다. 이것은 자신이 절망한 이유는 딸이 잘못해서이지 내 잘못은 아니라고 생각했기 때문이다.

이처럼 '분노'는 특히 감정적 경계선이 불분명한 친밀한 관계에서 흔히 나타나는 대응책이기도 하다.

그럼 이어서 분노라는 대응책에 관해 알아보자.

분노

분노는 타인의 정서를 대신 책임지려 하는 사람들이 자주 사용하는 대응책으로, 처음부터 직접 표출되지 않는다. 분노라는 감정은 초조함과 관련이 깊다. 사람은 초조함을 느끼면 짜증을 내다가 결국 분노의 방식으로 발산하기 마련이다.

두 개의 사례를 통해 이해를 돕고자 한다.

● 회사에 다니며 체력의 한계를 느낀 샤오원은 출퇴근 시간이라도 아끼기 위해 20년 가까이 함께한 가족으로부터 독립을 결정했다. 회사와는 걸어서 10분 정도 되는 거리에 방을 얻었다. 하지만 그녀와 단둘이 살았던 엄마는 딸의 독립이 달갑지 않았다. 어쩔 수 없이 주말마다 집에 가서 엄마와 식사도 하고 시간을 보내기로 했다.

집에 갈 때마다 엄마는 그녀가 좋아하는 음식을 잔뜩 준비해 주셨다. 하지만 그녀가 돌아갈 시간이 되면 엄마는 한숨을 푹푹 쉬곤 했다. 가끔 "자식 키워봤자 무슨 소용이니. 아무리 잘해줘도 언젠가 날 버리고 떠나는걸."이라는 말도 했다. 때로는 굳게 입을 다물고 아무 말도 하지 않는 날도 있었다. 그러다가는 갑자기 일어나 텅 빈 그녀의 방문을 열어보곤 한숨을 길게 내쉬었다.

그럴 때마다 샤오윈의 마음은 너무 불편했고 자꾸만 엄마 때문에 초조했다. 특히나 쓸쓸하고 울적해 하는 엄마의 모습을 보면 짜증이 나서 안 좋은 소리를 하고는 했다. 그녀는 이런 자신이 싫었다. 물론 엄마 홀로 지내는 게 익숙하지 않아 그렇다는 걸 알았기에 외로워하는 모습을 보면 딱한 생각도 들었다. 그런데 왜 위로하지 못하고 자꾸 화내고 짜증을 내는 건지 스스로도 알 수 없었다.

화내고 짜증내면 엄마는 상처받았다. 상처받아 슬퍼하는 엄마의 표정을 보고 나면 그녀는 자기가 몹쓸 딸이라고 생각했다.

● 퇴근 후 돌아온 자오밍은 기분이 매우 좋지 않았다. 상사에게 정신없이 욕을 먹은 데다 진행 중인 프로젝트까지 계

속 문제가 생기면서 생각대로 되지 않아 스트레스가 이만저만이 아니었기 때문이다. 집에서 그는 단 한 마디도 하고 싶지 않았고 그럴 힘도 없었다. 그래서 샤워를 하고 소파에 앉아 멍하니 텔레비전만 보고 있었다. 침울한 그의 표정을 본 아내가 참지 못하고 물었다.

"무슨 일 있어?"

"아니."

"아니라고 말하는데 표정은 왜 그래?"

아내가 입을 삐죽대며 말했다.

"그냥 쉬고 싶어서 그래. 온종일 밖에서 일하고 들어왔는데 좀 편히 쉬게 해주면 안 돼?"

그는 길게 한숨을 내쉬며 말했다. 말이 끝나자 아내는 바로 화를 냈다.

"무슨 말이 그래? 걱정해주고 신경 써 주는 사람한테. 그리고 아무리 회사에서 안 좋은 일이 있었다고 해도 그 스트레스를 여기까지 가져오면 어쩌자는 거야?"

그렇게 둘은 부부싸움을 시작했다.

두 사례에 나오는 사람들은 가족이라는 관계 안에서 감정의 경계가 분명하지 않다. 또 습관적으로 타인의 정서를 내가 책임져야 한다는 생각을 하고 있다. 그래서 기분이 상한 상대방의 모습을 보자 무의식적으로 자기에게 그 책임이 있다고 여긴 것이다.

사례 속에서 말로는 내뱉지 않았지만 '그의 기분이 나쁜 건 나 때문이야'라고 생각하고 있다. 샤오원은 자기가 독립해서 엄마가 슬퍼한다고 여겼고 자오밍의 아내는 남편이 짜증 난 이유가 자기 때문일지도 모른다고 생각했다. 하지만 뾰족한 수가 보이지 않았고, 상대방의 안 좋은 기분은 자기에게도 영향을 미쳐 짜증을 낸 것이다. 상대방의 좋지 않은 기분이 내 탓이고, 그 책임을 져야 한다고 생각한 샤오원과 자오밍도 그런 생각을 하도록 만든 상대방이 문제라고 여겨 화를 낸 것이다.

이런 상황은 특히 배우자나 가족 사이에 쉽게 발생한다. 그 이유는 친밀한 관계에서는 감정의 경계선이 불분명해서 상대의 정서나 기분에 쉽게 영향을 받기 때문이다. 다시 말해 그들의 기분을 무척 신경 쓰기 때문이다. 그래서 슬프거나 즐겁지 않은 모습을 보면 기분을 풀어주기 위해 노력한다. 다만, 상대방의 기분을 풀어줄 방법이 없다는 사실을 발견하면 가족이나 배우자에게 쉽게 화를 낸다는 것이 문제다. 그래서 가까운 관계일수록 짜증이나 이를 넘어서면 분노라는 대응책이 쉽게 등장하는 것이다.

앞에서 말한 비위 맞추기, 도피, 설득, 분노와 같은 대응책은 다른 사람의 감정을 책임지려는 습관과 '그의 감정은 그의 몫'이라는 사실을 깨닫지 못한 것과 관련이 있다. 일단 그 책임을 상대방에게 돌려주면 그들의 감정을 존중할 수 있게 된다. 나아가 상대의 나쁜 기분이 설령 나와 관련 있다 해도 내 책임이 아니라는 사실을 배울 수 있다. 기분이 나쁜 쪽 역시 소통하는 법을 배워야 한다. 자신의 감정을 말로 표현하고 그에 관해 이야기를 나눠서 서로 관계를 조율할 수 있어야 한다.

만일 기분이 나쁜 그 쪽에서 아무 말도 하지 않는다면 기분을 삭일 시간이 필요한 건지도 모른다. 혹은 나와는 아무런 관련이 없는 이유로 기분이 나쁠 수도 있다. 그저 기분이 좋은 듯 꾸며내지 않고 솔직하게 반응하고 있다는 사실을 인정하면 된다. 이렇게 생각하면 상대방의 감정을 존중하고 책임을 그에게 돌려줄 수 있다. 그렇게 상대방의 기분으로 말미암아 걱정하거나 짜증내지 않을 수 있고, 원하지 않는 일을 하지 않아도 된다.

이렇듯 남의 감정을 존중하는 법을 배우면 더 이상 내면의 초조함 때문에 긴장하지 않아도 된다. 나아가 나를 향한 일종의 존경심도 생길 것이다. 그렇게 나를 존중하고 더 좋아하게 될 것이며 나에 대한 호감도도 올라갈 것이다. 그렇게 자존감은 자연스럽게 회복될 수 있다.

실전 연습

타인의 부정적 정서를 마주했을 때 나의 반응은 어땠는지 생각해보고 다음의 문항에 답해 보자. 나를 이해하는 데 도움이 될 것이다.

① 내가 자주 사용하는 대응책은 무엇이었나?

_____

② 그 대응책은 타인의 정서를 대하는 나의 생각에 어떤 영향을
   주었나?

_____

_____

③ 그 대응책은 타인의 정서를 대하는 나의 행동에 어떤 영향을
   주었나?

_____

_____

④ 그 대응책은 나 자신에 대한 생각에 어떤 영향을 주었나?

_____

_____

⑤ 만일 그 대응책을 버린다면 어떨까?

_____

_____

Key Point

이제부터는 늘 하던 방법이 아닌 새로운 방법을 시도해 보자. 앞으로는 타인의 부정적인 정서를 마주하면 잠깐 멈춰서 나에게 이렇게 일러주는 것이다.

'이건 그의 감정이니까 그가 책임져야 해. 내 감정이 아니니까 나와는 관계없어.'

그리고 무언가를 해야 한다는 초조함을 견디고 참아내자. 혹시 너무 힘들다면 차라리 잠시 그 자리를 떠나거나 흥미를 느끼는 다른 일을 찾아 상대방의 감정에서 떠나서 집중할 수 있는 것으로 주의를 돌리자. 몇 번 반복해서 연습해보면 점점 변하는 자신을 볼 수 있을 것이다.

허락받지 않고, 의심하지 않고
나 자신을 위해 살기

상대방의 감정을 그 사람이 책임 지도록 결정권을 돌려줬다면 나도 똑같이 내 감정에 책임을 져야 한다. 그렇다면 이것이 자존감을 높이는 것과 어떤 연관이 있을까?

만약 '내가 지금 이토록 절망적이고, 화가 나고 슬픈 이유는 바로 저 사람 때문이야'라고 느낀다면 단순히 보기에는 그 원인을 상대방에게 돌려 위안을 받으려는 것처럼 보일 수 있다. 하지만 실상은 타인이 나의 감정에 영향을 주고 통제하도록 권리를 내어준 것과 다름없다.

'당신은 내 기분을 망칠 수 있어요. 그리고 절망하게 하죠. 하지만 난 아무것도 할 수 없어요.' 이런 생각은 스스로를 무능하다고 느끼도록 하며 더 이상 나를 통제할 수 없다고 생각하게 한다. 내 삶을 이제는 통제할 수 없다고 생각되면 자신감과 자존감이 떨어지기 마련이다. 나아가 스스로 별 볼 일 없는 존재처럼 여겨지고 형편없는 사람이라 생각해 쉽게 절망에 휩싸인다. 그렇기에 내 목소리를 강력하게 내려면 내 감정을 책임져야한다.

"계속해서 부정적 태도로 나를 대한다면 받아주고만 있지는 않을 거야. 전전긍긍하지도 않을 거고. 왜냐고? 당신 감정은 당신이 책임져야 하기 때문이야. 물론 내 감정도 나 스스로 책임질 거고."

이 문장을 힘 있게 되뇐 뒤 자신감을 불어넣었다면 내면에 강력한 힘이 솟아오를 것이다. 그 힘으로 나와 타인 감정의 경계를 구분 짓고, 타인의 정서에 영향을 받거나 침범당하는 일이 없도록 도와줄 것이다.

하지만 이런 생각을 할지도 모른다.

'그 사람의 정서가 내 감정을 침범했다고 느낄 때가 있어. 그것 때문에 슬프기도, 상처받기도 그리고 때로는 화가 나기도 해. 그렇지만 이런 내 감정이 잘못된 거라면? 내가 스트레스를 잘 못 견디는 건 아닐까? 내가 너무 민감한 건 아닐까?'

이런 의구심이 든다면 스스로에게 이렇게 말해주자.

"내 감정의 주인은 바로 나야. 내가 어떻게 생각하든 다른 사람의 허락은 필요치 않아. 혹시 내 감정이 틀린 건 아닌지 걱정할 필요는 없어. 나는 생각과 행동을 스스로 결정할 권리가 있어. 다른 사람의 부탁을 거절했다고 미안해할 필요도 없고. 그게 내 의무는 아냐. 내겐 선택할 권리가 있으니까. 다른 사람의 요구를 들어줄지 말지는 내 손에 있어. 누군가의 동의나 인정은 필요치 않아. 다른 사람을 만족시켜 주는 게 내 인생의 목표와 의무가 아니잖아? 내 감정을 존중하는 건 잘못된 게 아니야. 그러니 의심하지 않아도 돼. 내가 어떤 감정을 가져야 하는지 남에게 물어볼 필요도 없어. 그건 오로지 내가 결정할 일이야. 모든 사람의 감정은 존중받아야 해."

기억하자. 나를 존중해주어야 한다. 자기존중은 나를 이해하고 내 감정을 수용하는 것부터 시작한다. 자기감정을 부정하지 않고 책임지는 연습을 하는 동시에 타인의 감정도 존중하는 연습을 하자. 그렇게 똑같이 그 사람들에게도 자기감정을 책임질 기회를 주는 것이다.

마지막으로 한 가지 더. 잊지 말아야 할 중요한 사실이 있다. 내가 느끼는 그 어떤 감정도 다른 사람의 허락은 필요 없다. 나는 행동을 선택하고 결정할 수 있다. 타인의 요구를 반드시 만족시켜 줘야 하는 건 아니다. 나 자신을 위해 살 수 있다. 나는 내 인생의 주인이 될 수 있다. 이것이 바로 자존감을 높이는 둘도 없는 비결이다.

3

이제는
정서적 협박에서
벗어나자

용기 내 직면하면
해결할 수 있다

●
●

●   샤오렌은 조용히 휴대폰 전원을 켜고 한숨을 내쉬었다. 벌써 보름이 다 되어 가고 있었다. 남자친구와의 교제 사실을 가족에게 알린 후로 하루도 편히 지낸 적이 없었다. 그나마 부모님은 남자친구가 생겼다는 사실을 '받아들이는' 단계였으므로 아직 이렇다 할 반응이 없었다. 그런데 어렸을 때부터 늘 사이가 좋았던 언니가 그를 너무 싫어했다. 언니는 남자친구의 모자란 점이 한두 개가 아니라며 우리는 어울리지 않는다고 했다. 언니는 계속해서 빨리 헤어지라고 강요했지만 대답하지 않았다. 그러자 매일같이 문자를 보내거나 전화를 걸어 비난하고 욕을 해댔다. 내용인즉슨, '너무 이기적으로 자기만 생각하고 가족들은 전혀 배려하지 않는다'는 것이다. 심

지어 '넌 불효녀고 가족들을 모두 버렸어'라고도 했다.

언니의 문자를 뒤늦게 확인한 샤오렌은 어찌해야 할지 몰랐다. 비참함마저 느꼈다.

사실 언니가 이토록 반대하는 이유를 알고 있다.

남자친구의 고향은 시골이었다. 그랬기에 언니는 사이좋은 하나뿐인 동생이 집을 떠나 시골로 내려가 가정을 꾸리고 살 수도 있겠다고 생각했다. 그게 언니에겐 두려움이자 걱정거리였다. 아끼는 동생을 빼앗기는 기분도 들었을 것이다. 그런 걱정을 모르는 바 아니기에 진지하게 대화해보려 노력했다. 하지만 그와의 이별이 아니면 다른 어떤 것도 받아들일 수 없다며 단호한 모습이었다. 어렸을 때부터 말 잘 듣고 귀여웠던 동생이 갑자기 가족들을 배신하는 게 이상하다며 분명 그는 사기꾼일 거라는 억지를 쓰기도 했다. 그렇게 화내고 막말을 하다가도 부드러운 말로 이 세상에 믿을 건 가족뿐이니 자기 말을 들으라며 달래기도 했다. 그럴수록 더욱 어이가 없었다.

샤오렌은 이미 성인이 된 자신을 가족들이 믿지 못하는 것 같아 화가 났다. 가족들은 마치 다섯 살 어린애를 대하듯 했다. 자신의 판단력을 의심하고 선택을 존중하지 않는다고 느졌다. 단지 내 인생을 살고 싶을 뿐이었는데 졸지에 불효녀가 되어 버리니 심한 죄책감에 빠져 헤어 나오지 못했다.

'가족들이 시키는 대로 하고 싶진 않아. 그렇다고 내가 하고 싶은 대로 하지도 못하겠어.'

딜레마에 빠진 그녀는 진정한 자기모습을 찾기 위해 애쓰고 있었다.

습관적인 죄책감에서
벗어나기

정서적 협박이 어떤 식으로 진행되는지 이제 충분히 이해했을 것이다. 그럼 어떻게 해야 할까? 안타까운 것은 알면서도 정서적 협박에서 헤어나지 못한다는 점이다. 그리고 그런 사실을 깨달으면 더 큰 자괴감과 무력함이 느껴지기 마련이다.

'그는 나를 정서적으로 협박하고 있어. 그렇다고 거절할 수도 없어. 대체 난 왜 이럴까?'

이런 생각이 들면 나약한 자신을 미워하게 되고 심지어 아무것도 하고 싶지 않은 무기력함 속에 빠지기도 한다. 사실 정서적 협박의 유형을 분명히 알더라도 여전히 거기에서 벗어나지 못하는 경험을 할 수 있다. 하지만 이는 나약함 때문이 아니다. 원인은 두 가지가 있다.

내면의 두려움이나 초조함, 걱정의 뿌리가 너무 깊기 때문이다. 그리고 남의 기분을 너무 신경 쓰다 보니 늘 걱정과 두려움을 느끼고 '습관적인 죄책감'에 휩싸이기 때문이다.

이 책의 첫 파트에서 정서적 협박의 세 가지 유형으로 '상대방을 비난하고 평가 절하하기', '죄책감 유발하기', '불안감 조성하기'를 언급했던 걸 다시 떠올려 보자. 이 세 가지는 정서적 협박을 쉽게 당하는 이들이 가장 중요하게 여기는 것들에 대한 공격이다. 게다가 이것은 그들의 삶을 위협할 수 있는 것들이라서 '생존의 위기'까지도 경험하는 것이다. 이런 위기를 느끼게 되면 큰 두려움과 공포에 휩싸이는 동시에 삶에 대한 초조함을 느낀다. 이는 협박자의 요구를 들어주지 않으면 안 될 것 같은 심리적 압박으로 연결된다.

마치 이런 상황이다. 누군가 머리에 대고 실탄을 장전한 총을 겨누고 있다. 그는 끔찍하게 싫어하는 음식을 먹으라고 강요하며 코앞으로 들이민다. 그렇지 않으면 총을 쏘겠다고 협박한다. 정말 싫지만, 목숨만은 건져야 하기에 굴복하고 만다.

이렇듯 정서적 협박자들이 사용하는 수단은 머리를 겨누고 있는 총과도 같다. 상대방이 이렇게 협박해오면 두려움과 죄책감을 느끼고 이 때문에 극도의 초조함을 함께 느낀다. 우선, 내 기분과 감정을 무시하고 일단 이 초조함을 어떻게든 해결하려 노력한다. 이때 머릿속에는 단 한 가지 생각으로만 가득 찬다. '어떻게 하면 이 초조함을 없앨 수 있을까?' 그래서 그동안 해온 습관대로 이 위기를 극복한다. 바로 상대의 요구를 들어주고 내 감정과 생각을 희생하는 것이다.

상대방이 그 어떤 '수단'을 사용하지 않고 그저 가볍게 부탁해올 때도 그걸 거절하면 심한 죄책감에 시달린다는 사실이 심각한 문제가 된다. 이 죄책감이란 너무 생생한 느낌으로 다가오기에 거절한 자신을 '못된 사람', '이기적인 사람'이라 생각하게 만든다. 죄책감에 발목을 잡히면 엄청난 초조함을 느끼다 마지못해 상대의 요구를 들어준다. 이런 종류의 죄책감을 '습관적인 죄책감'이라 부른다.

일반적인 죄책감은 어떤 잘못을 저질렀을 때 느끼는 정서로 일종의 이타적인 정서다. 자신의 부족한 점을 메우고 관계를 발전시킬 수 있도록 하는 역할을 하기에 사회의 도덕적 질서를 유지하는데 필요하다. 반면 '습관적인 죄책감'은 무언가 잘못했

다고 느끼지만 사실은 아무것도 잘못한 것이 없다는 데 차이가
있다.

이 죄책감은 어린 시절부터 지금까지 함께 자라온 습관
이다. 일단 타인의 기대에 부응하지 못하거나 그들의 요구를 만
족시켜 주지 못할 때 그리고 내 감정에 무게를 두려고 할 때 튀
어나온다. 내 감정을 우선하는 것은 잘못된 일이라고 지적한다
는 말이다.

이런 감정은 굉장히 불편하다. 남을 우선하고 나를 하찮은
존재로 여기면 나타나지 않는 습관적인 죄책감은 내 생각을 중
시하고 내가 옳다 여기면 어느새 나타나 괴롭힌다. 마치 삼장법
사가 주문을 외우면 손오공의 머리띠를 조여 고통을 주듯 '넌
그러면 안 돼'라고 계속해서 최면을 건다.

"넌 주변 사람들의 부탁을 들어줘야 해."

"넌 기대에 부응해야 해."

"넌 남에게 폐를 끼치면 안 돼."

"네가 잘못한 거야. 다른 사람을 탓하지 마."

"넌 사람들 부탁을 거절하면 안 돼. 그래야만 호감을 살 수
있어."

이런 가르침을 통해 천천히 습관적인 죄책감을 훈련받은 사람은 이를 결코 거부하지 못한다. 일단 그 가르침과 정서를 거스르면 극도의 불안과 초조함에 휩싸이고, 결국 남의 기대와 요구에 굴복하고 만다.

정서적 협박을 잘 당하는 이들은 계속 이 습관적인 죄책감에 발목을 잡히는 사람들이다. 다음을 살펴보고 나는 어떤 반응을 보이는지 생각해 보자.

나를 폄하할 때

상대방의 말이 불합리하다는 걸 알면서도 한편으로는 '정말 내 잘못인데 나만 모르는 건가?'라고 생각하지 않았는가? 만일 그랬다면 누군가가 "넌 부족해.", "넌 별로야." 같은 말로 실망했다는 뉘앙스를 풍기면 습관적인 죄책감에 쉽게 빠졌을 것이다. 그리고 또다시 스스로를 의심하고 자기검열을 시작하며 자책한다. 그러다 보면 정작 상대의 행동이 얼마나 불합리한지는 잊어버리고 나를 존중하지 않는다는 것을 알아차리지 못한다.

죄책감을 유발할 때

"내가 너한테 그렇게 잘해줬는데, 넌 이런 식으로 보답해?" 습관적인 죄책감에 잘 빠지는 이들은 상대방이 이런 말로 죄책감을 부추기면 특히나 쉽게 당하곤 한다. 어떤 특정한 말에 쉽게 죄책감을 느끼는 그들은 상대방이 고의로 그랬다면 더욱 강렬한 죄책감에 휩싸여 쉽게 헤어나지 못한다. '당연히'라는 틀에 갇힌 그들은 상대방의 요구를 들어주지 않으면 근심에 빠지게 돼 생각이나 감정을 포기하면서까지 부탁을 들어주고 말게 된다.

불안감을 조성할 때

상대방이 고의로, 혹은 자신도 모르게 불안감을 조성하거나 내가 가장 아끼는 것을 위협한다면 어떨까? 예를 들면 이런 상황이다.

"또 그러면 이제는 널 사랑하지 않을 거야."
"계속 그렇게 할 거라면 좋은 평가는 기대하지 말라고."

나의 반응은 어땠는지 그리고 어떻게 반응할 것 같은지 생각해 보자.

지금껏 감정과 생각을 희생해서 안정감을 얻는 방식으로 살아왔다면 습관적인 죄책감은 이로 인해 생겨난 일종의 '경보

시스템'이라 할 수 있다. 이 시스템에서는 위험에 처할지도 모른다고 생각되면 나도 모르게 생존 지향적 모드로 전환해 생각과 감정은 잠시 포기하고 좋든 싫든 오직 살아남을 수 있는 것만 선택한다. 안정감을 잃는다는 건 계속 살아남을 방법이 없다는 걸 의미하기 때문이다.

상대방이 안정감을 위협하면 습관적인 죄책감은 미친 듯 경보를 울려서 결코 저항할 수 없는 상태에 빠지고 만다. 그리고 온 힘을 다해 목숨만은 지키고 내가 가치 있다는 걸 증명하려 애쓴다. 이토록 생존과 관련한 강한 불안감이 엄습하면 과거에 터득했던 유일한 방법으로 안정감을 확보한다. '저 사람이 시키는 대로 해! 그래야만 안전해질 수 있어. 그래야만 기분이 좋아질 거야. 그래야만 계속 이 세상에서 살아갈 수 있어!'라고 최면을 거는 것이다.

생사를 가르는 위기에 놓여있다고 느끼는 사람이 자기감정이나 생각을 존중할 수 있을까? 안타깝게도 결코 쉽지 않다. 그렇다면 정서적 협박으로 내면에 소용돌이치는 격한 감정을 겪을 때 어떻게 해야 할까?

나는 첫 단계로 '자기관찰'부터 시작하길 권한다. 자신에게 이렇게 물어 보자.

'내 생각과 행동, 자존감에 영향을 주고 있는 신념은 과연 무엇일까?'

정서적 협박의 굴레에서 빠져나올 수 없게 하는 신념의 대부분은 내면 깊숙이 자리한 자신만의 규칙으로, 따르지 않을 경우 곧바로 습관적인 죄책감에 빠지게 한다. 지금부터는 내면세계를 이해하고 행동을 결정짓는 신념과 삶을 움직이는 규칙은 무엇인지 관찰해 보자. 아울러 사람들은 어떻게 나를 습관적인 죄책감에 빠지도록 하는지도 알아보도록 하자.

쉽지 않다는 것을 누구보다 잘 안다. '자기관찰'을 시작했다는 것은 정서적 협박의 굴레를 깨뜨리는 여정이 이미 시작되었다는 의미이다. 힘을 내자.

실전 연습

나를 '습관적인 죄책감'에 빠트리는 신념과 규칙에는 무엇이 있나?
다음 제시어로 문장을 완성해 보자.

① 나는 반드시 _____

_____

_____ 해야만 해.

② 나는 _____

_____

_____ 할 수 없어.

Key Point

자신에게 물어보기

- 누가 그 신념과 규칙을 정했을까?
- 나는 꼭 그 신념과 규칙을 따라 살아야만 할까?
- 만약 따르지 않는다면, 최악의 경우 어떤 일이 일어나게 될까?
  나는 그 일들을 처리할 수 있을까?
- 그 신념과 규칙을 위반하면 어떤 느낌일까?
- 그 객관적으로 내가 생각하는 것만큼 심각한 결과를 초래할까?
- 신념과 규칙을 위반했을 때 나타날 결과를 확신할 수 없다면
  주변에 믿을 만한 사람들의 생각은 어떤지 물어 보자.

악순환의 고리를
끊어버리는 법

첫 파트에서 '정서적 협박을 당하는 사람은 자존감이 낮은 경우가 많다'는 점을 언급했다. 낮은 자존감이 정서적 협박의 함정에 쉽게 빠지도록 하는 바탕이 되는 것이 사실이다. 하지만 정서적 협박의 관계에 놓이면 조금씩 자신감과 자존감을 잃어버리기 때문에 결국에는 '닭이 먼저냐, 달걀이 먼저냐'와 같은 이야기가 된다.

생각해 보자. 나를 깎아내리거나 죄책감을 유발하는 상대와 관계를 이어갈 때면 시시각각 그의 안색을 살피며 말 한마디, 행동 하나하나를 조심해 어떻게든 그의 기분을 망치지 않도록 노력하게 됐다. 그러니 이러한 상호작용에서는 늘 조심할 수

밖에 없었고 충돌을 두려워했다. 혹시라도 부딪게 되면 그는 무언가를 요구하거나 질책하기 마련이었다.

나는 늘 그의 안색을 살폈지만 정작 그는 나의 감정을 무시했다. 이것은 암묵적으로 약속한 하나의 원칙과도 같은 것이었다. 이런 과정에서 점점 더 그의 눈치를 보게 되었고, 점점 더 조심하게 됐다. 그러는 사이 자신감을 잃었고, 자존감은 낮아졌다. 결국, 자아를 잃었다.

자기의심:
내가 잘못한 걸까?

'그 요구가 불합리하다는 건 알아. 그런데…… 진짜로 그 요구를 들어주지 않아도 괜찮은 걸까? 만약 그랬다가 그 사람의 말처럼 내가 형편없는 사람이면 어쩌지?'

이런 생각에 자주 시달리면 정말 고통스럽다. 혹시 이런 시달림으로 고통받고 있지는 않은가? 정서적 협박의 굴레에 빠져 허우적거리고 있지 않은가?

협박의 덫에 빠진 이들은 다른 사람의 평가를 늘 의식한다.

그들은 지나치게 자기반성을 하는 습관을 가지고 있다. 물론 적절한 수준의 자기반성은 잘못된 행동을 교정하도록 이끌어 인생을 살아가는 데 도움이 된다. 하지만 지나친 자기반성은 '자책'과 다를 바 없다.

그런 나에게 이렇게 물어보면 어떨까?

'늘 남에게 폐가 되진 않을까, 미안한 일을 하는 건 아닐까 고민하는 나. 그런데 나에게는? 나한테는 안 미안하니?'

내 마음 속 깊고 어두운 구석 어딘가에 아픔과 억눌린 감정을 품고 웅크린 내 모습이 보이기 시작할 것이다.

자기실망:
왜 반항하지 못했지?

정서적 협박자를 대할 때면 머릿속에 여러 장면들이 파노라마처럼 펼쳐지면서 이렇게 외치고 싶은 마음이 굴뚝같을 것이다.

"나를 깎아내리고, 위협하고, 요구할 권리는 네게 없어!"
"넌 참 편하겠다. 모든 잘못을 나한테 덮어씌우니까 말야. 내 기분은 1도 생각 안 하지?"

"지금 그 부탁은 너무 억지야. 너도 할 수 없는 거잖아."
"그 일, 하고 싶지 않아. 네 책임을 떠안고 싶진 않다고."
"날 형편없는 사람인양 취급하지 마."

이런 말로 스스로를 보호하고 싶지만 막상 입을 열자니 두려움과 공포에 휩싸인다. 혹은 습관이나 가치관 때문에 협박자가 내뱉는 상처가 되는 말이나 요구에 속수무책으로 당하고 만다. 이렇게 아무런 용기를 내지 못하고 협박자들에게 대항하지 못하는 나를 보며 또 한 번 실망한다.

용기가 없어 대항하지 못했다고 생각할수록 나를 향한 실망은 점점 더 커진다. 그럴수록 아무 쓸모가 없다고 느끼기 때문에 요구하는 대로 따라갈 수밖에 없다. 점점 더 나를 미워하게 되고, 중요하지 않고 가치 없는 사람이라 느껴지게 된다. 이런 과정을 거치면서 나의 자아는 점점 사라져간다.

자기무시:
괜찮아, 아프지 않아

정서적 협박의 관계에서 가장 슬픈 일을 꼽으라면 '감정을 상실하는 것'이라고 말하고 싶다.

정서적 협박자들은 격렬한 감정을 이용해 상대방의 죄책감을 유발하거나 무서운 말로 압력을 가하는 능력이 탁월하다. 협박을 당하는 이들은 두려움을 느껴 상대방이 기분을 풀고 평온하고 즐거운 관계를 유지해주길 기대한다. 관계의 충돌은 나에게 원인이 있다고 생각하기에 충돌이 없는 관계를 간절히 바라게 된다.

이는 습관적으로 상대방을 자극하지 않는 행동을 하게 만들어 그의 감정을 위로하려한다. 늘 그들의 기분을 살피고 주의를 기울이는데 그것만이 살아남을 방법이기에 그렇다. 그래서 협박을 당하는 이들의 눈에는 상대방의 감정만 극도로 확대되어 보일뿐 내 감정은 보지 못한다. 설령 협박자로부터 큰 상처를 받거나 모욕을 당해도 아무 느낌이 없는 듯 행동한다. 감정이 없어야만 상처받지 않을 수 있고 그래야 아프지 않기 때문이다. 그렇게 그들의 요구를 따를 수 있게 된다.

아프지 않다고 느꼈겠지만 그 상처들은 사라지지 않고 내면 깊숙한 곳에 뿌리를 내리고 자라난다. 그리고 무의식중에 이런 생각을 하게 만든다.

'내 감정에 신경 쓰는 사람은 아무도 없어.'

합리화:
날 위해서 그러는 거야

요구를 들어주기만 하는 나를 발견한 뒤 찾아오는 굴욕감이나 무력감, 자기의심 등을 없애기 위해 선택하는 방법이 하나 있다. 바로 합리화다.

상대방의 요구를 합리화하며 이런 말로 스스로를 설득한다.

'다 나를 위해 그런 거야. 내가 더 잘되길 바라는 마음에 그러는 거지.'

'그렇게 심한 요구도 아니잖아. 내가 민감하게 받아들인 건지도 몰라. 사실 아무것도 아닌데. 맞아, 괜찮아.'

혹은 다른 이유로 자기가 느끼는 감정이나 아픔을 합리화하거나 희미하게 만들려 할 것이다.

'그래. 별일 아니야. 원래 회사가 다 이런 거 아니었어?'

'엄마 아빠 생각에 따르지 않으면 건강이 더 안 좋아질지도 몰라. 두 분 말씀대로 하자. 내가 들어드리지 뭐! 그렇게 힘든 일도 아니고.'

'다른 사람과 약속이 있다는 걸 이렇게까지 신경 쓴다는 건 나에게 엄청 관심이 많다는 거잖아! 원래 그 사람이 좀 다혈질이긴 해. 충분히 사랑해주면 별일 없을 거야. 오늘 아니면 그 친구랑 다시는 밥을 못 먹는 것도 아니고. 또 그리 심각한 일은 아니잖아?'

이렇듯 내면에서는 어떻게든 합리화하려는 목소리가 계속해서 튀어나온다. 많은 경우 합리화는 어쩔 수 없는 선택이 되기도 한다. 현실을 바꿀 힘은 없으면서 불편한 감정은 느끼기 싫을 때 합리화를 통해 나를 위로하고 마음의 짐을 덜어낸다.

사실 이런 관계에 놓여있는 사람이라면 그 누구라도 편한 마음이 들 리가 없다. 어쩌면 너무 힘든 나머지 이미 한계점에 닿았을 수도 있다. 그래서 합리화라는 수단으로 마음의 부담을 덜어내려는 것이다. 그렇지 않고서 이 관계를 지속하는 것은 쉽지 않다.

하지만 정서적 협박의 관계에서는 습관적으로 모든 상황을 합리화하기 때문에 불편함을 너무 쉽게 간과한다. 만일 계속해서 습관적으로 나의 감정을 무시하면 이 관계가 주는 상처를 가볍게 여기게 되어 앞으로도 여러 이유로 협박을 참아내고 수용하게 될 것이다.

정서적 협박자의 요구와 그 환경을 합리화할수록 스트레스에 대응하는 능력과 환경에 적응하는 능력은 점점 더 강해지는 것처럼 느낄 수 있다. 이처럼 우리 사회에서는 합리화를 '스트레스에 대응하는 능력이 강하다'는 의미로 쓰곤 한다. 하지만 상대적으로 삶에 대한 즐거움이나 성취감, 자기 존중은 점점 느끼기 어려워진다. 왜일까? 나조차 내 감정을 외면하는 상황에서 상대방의 불편한 감정을 마주하면 내 것은 중요하지 않은 것으로 치부되기 때문이다. 그래서 불합리한 관계를 합리화할수록 내 감정은 점점 더 무시되어 불합리한 태도나 요구를 당연하게 수용하고 참아내려 한다.

이런 상황에서 어떻게 자신을 중요하게 여길 수 있겠는가? 이런 과정을 보내면서 자신감과 자존감은 점점 자취를 감춰버린다. 겉으로만 본다면 점점 '대단한' 사람이 되는 듯 보이지만 사실 점점 나를 의심하고 자신감을 잃어버리거나 스스로를 미워하게 되고 있는 것이다. 결국, 그 공허함은 점점 커지고 즐거움은 사라져 아무런 감정도 느끼지 못하는 지경에 이르고 만다.

비위 맞추기:
내가 참으면 돼

혹시 옆에 있는 사람의 기분이 좋지 않다면 어떤 반응을 보이는가? 누군가 화가 많이 나 있다면 더 조심하고 몸을 사리지 않는가? 어떻게든 그 사람 기분을 맞춰 주고 분위기를 바꿔보려 애쓰지는 않는가?

"저는 주변 사람의 기분이 좋지 않은 걸 쉽게 알아채요. 특히 가족이나 배우자같이 가까운 사람이라면 침울해하는 건 그냥 지나치지 못하죠. 그 사람들을 위해 무언가를 해서 어떻게든 기분을 풀어 주려 노력해요. 예를 들면 이런 거죠. 회사 동료가 기분이 안 좋다면 기꺼이 일을 분담해줘요. 가족이라면 말 한마디, 행동 하나하나 조심하면서 왜 그렇게 기분이 좋지 않은지 알아보고 어떻게 도울 수 있을지 물어봐요. 만약 배우자라면 더 열심을 내죠. 그 사람이 좋아하는 일을 해주고, 뭔가 요구하면 어떤 경우든 기분이 풀릴 때까지 전부 다 들어줘요."

혹시 나도 이런 사람일까? 만일 그렇다면 상대방의 비위를 맞춰 기분을 풀어 주고 충돌을 피하려는 소통의 방식이 생존전략이 됐을 것이다. 하지만 이런 관계에서는 정서적 협박이 훨씬 더 심하게 가해질 수 있다.

어쩌면 이런 기질을 강하게 타고난 사람일 수도 있겠다. 그런데 정서적 협박자는 감정적으로 협박할 수 있다는 사실을 발견하면 이를 이용해 원하는 방식대로 따라주길 요구하게 된다. 협박자의 기분이 좋지 않을수록, 요구가 불합리할수록 더 비굴하게 기분을 맞춰 주고 심지어 나의 것을 내어주면서까지 잠깐 동안 평화로운 관계를 얻어내려 할 것이다.

이런 협조가 이어질수록 협박자는 경계선을 넘게 된다.

그는 자신의 행동이 얼마나 지나친 것인지 알지 못한 채 계속해서 요구할 것이다. 그 요구가 도를 넘어 더 이상은 받아줄 수 없게 되면 도리어 "당신 잘못이야!"라고 탓할 것이다.

강력한 정서적 협박에 이미 익숙해지면 스스로에게 이런 물음을 던지는 것조차 잊고 만다. '이런 두려움 위에 세워진 관계가 과연 내가 원하던 관계의 모습이었나?'

나만의
정서적 경계선을 세우자

앞서 말한 것처럼 정서적 협박의 관계에 놓여있다면 사랑이나 즐거움을 느끼기 어렵다. 자라를 보고 놀랐던 가슴이 솥뚜껑만 보아도 놀란다고 하듯 수시로 상대의 표정과 말투, 행동에 주의를 기울이면서 기분을 가늠하고 어떻게 대응할지 결정하느라 에너지를 소비하기 때문이다. 이때는 그 사람의 기분이 인생에서 가장 중요한 것이라도 되는 양 착각하게 된다. 시간이 흐른 뒤에야 이 관계에서 느끼는 감정은 오로지 공포와 두려움뿐이라는 걸 깨닫는다.

그의 요구를 들어주는 나의 행동은 진심으로 원해서 하는 것이 아니다. 두려움 때문이다. 화난 그가 쏟아낼 입에 담지 못할 욕이 두렵고 히스테리를 부리는 게 두렵다. 그를 만족시키지 못했을 때 깎아내려지고 모욕당할 것이 두렵다. 그의 지나친 요구를 거절했을 때 비난과 여러 방법을 동원해 죄책감을 불러일으키고 소중한 것들을 빼앗겠다는 협박이 두렵다.

이렇다보니 이 관계에서는 사랑이나 신뢰, 존중을 기대할 수 없어 늘 불안하다. 오로지 두려움만 느낄 뿐이다. 이 두려움으로 끊임없이 타협하고 굴복할 수밖에 없다. 상대방의 비위를 맞춰 충돌을 피할 뿐이다. 마침내 나의 존재가치와 의미마저 부정하기 시작한다. 그걸 깨달았을 때 이미 그 상처는 깊이 뿌리박힌 뒤다.

지금까지 어떤 식으로 정서적 협박이 진행되고 이 관계가 어떤 영향을 미치는지 알아보았다. 그럼 이제 나를 위해 무엇을 해야 할까? 어떻게 하면 다시는 다른 이의 정서에 휩쓸리지 않을 수 있을까? 어떻게 해야 늘 남을 만족시키는 그런 정서적 협박에서 벗어날 수 있는 걸까? 내면을 관찰하고 습관적인 죄책감이 어떤 영향을 주는지를 알아보는 것 외에 정서적 협박에서 벗어날 또 다른 방법은 없을까?

정답은 나만의 '정서적 경계선'을 만드는 것이다.

정서적 경계선은 말 그대로 하나의 구분된 범주다. 경계선의 연장선에 있는 것으로 정서적으로 타인과 일정한 거리를 둔, 타인이 침범할 수 없는 정서적 범주를 가리킨다. 그런데, 만약 정서적 경계선이 없다면 어떤 일들이 벌어질까?

오랫동안 정서 교육에 몸담은 차오중환曹中瑋 교수는《지금, 정서와 만나다當下, 與情緖相遇》에서 자신만의 정서적 경계선을 만들지 않으면 타인의 정서를 내 것으로 착각하거나 그의 정서에 쉽게 영향을 받는다고 말한다. 도대체 누가 그 정서를 책임져야 할지 혼란스러운 상황이 된다는 말이다. 이런 의미에서 본다면 정서적 경계선을 구분한다는 것은 자기 정서는 스스로 책임져야 한다는 뜻이기도 하다.

앞서 첫 파트에서 자존감을 높이는 방법을 소개할 때 타인의 감정이 아닌, 내 감정을 책임지는 것의 중요성에 대해 언급한 바 있다. 그런데 이렇게 생각하는 사람이 있을 수 있다. '나 때문에 다른 사람이 슬퍼하거나 화를 내면 어쩌지? 그렇다면 내가 책임지는 것이 옳지 않나? 나 때문에 받은 상처도 무시하라는 말일까?'

예를 들어 보자. 실수로 누군가의 발을 밟았다. 발을 밟힌 그는 몇 가지 반응을 보일 수 있다. 먼저, 아프지만 사과하는 모습을 보고는 웃으며 괜찮다고, 오히려 괜찮은지 물어보는 사람이 있을 수 있다. 반면 "똑바로 보고 걸어!"라고 큰 소리로 말하지만 거기까지인 사람이 있을 수 있다. 아주 극단적인 경우 화를 참지 못한 나머지 흉기로 찌르는 사람이 있을 수도 있다.

실수로 누군가의 발을 밟았을 때 볼 수 있는 반응은 이토록 다양하게 나타날 수 있다. 그렇다면 이 모든 정서적 반응을 책임져야 할까?

분명 '발을 밟았다고 흉기를 쓴다는 건 말도 안 되는 것 아닌가?' 하고 생각할 것이다. 하지만 누군가에게는 자신만의 영역이 침범 당했다고 느껴지는 모든 행위가 극단적인 반응을 불러일으키는 방아쇠가 되기도 한다.

내가 누군가에게 고의로 혹은 나도 모르게 상처를 주었다면 이 행위는 내가 책임져야 한다. 하지만 이런 격렬한 반응을 보일 때마저도 그 정서를 책임지려 한다면 그 관계가 바로 정서적 협박의 관계인 것이다. 또 이런 상호작용에서는 정서적 경계선이 분명하지 않다.

정서적 경계선을 구분한다는 것은 나의 행동에 책임을 진다는 의미이지 타인의 정서에까지 책임을 진다는 뜻이 아니다.

다시 앞의 이야기를 예로 들어 보자. 누군가의 발을 밟아 그 사람을 아프게 했고 상처를 입혔다면 당연히 사과하고 치료비를 물어주어야 한다. 이것은 행동에 책임을 진 것이다. 만일 상대방이 화를 참지 못하고 나를 공격한 것은 그 사람의 정서이므로 그의 책임이다. 똑같은 상황일지라도 사람에 따라 정서적 반응이 다르기에 모든 사람의 정서적 반응을 책임진다는 것은 불가능하다. 때로는 그 반응의 근원이 나에게 있지 않고 그 사람이 과거에 처리하지 못한 상처가 폭발했을 수도 있기 때문이다. 이것이 바로 정서적 경계선의 중요한 개념이다.

정서적 경계선을 구분하면 나를 보호할 수 있고 지나친 정서와 요구로 내 정서가 침해당하는 일도 없다. 아울러 타인의 과도한 정서적 간섭에 영향을 받지 않을 수 있고 상대의 압박으로 내 감정과 생각을 외면하는 일도 없게 된다.

정서적 경계선을 제대로 구분하면 더욱 용감하고 분명하게 내 감정을 볼 수 있다. 그리고 타인과의 관계에서 무슨 일이 일어나는지도 정확히 보게 된다. 나를 위한 목소리를 낼 수 있게 되어 내 감정을 신뢰하고 생각을 존중할 수 있다.

물론 이 정서적 경계선은 유연하게 조정할 수 있다. 내 쪽으로 좀 더 끌어올 수도, 상대의 처지를 고려해 더 내어줄 수도 있다. 힘이 없고 지칠 때는 나를 더 돌보는 편을 택할 수도 있다. 이후 에너지가 충전되었다면 정서적 경계선은 다시 밖을 향해 넓어질 것이다. 이처럼 정서적 경계선의 범위는 필수가 아닌 나의 선택이라는 것이다.

모든 관계에서 하고 싶은 대로 선택할 수 있다. 그리고 이 선택은 나의 의지와 바람에서 비롯되어야지 사회적 가치관이나 내면의 두려움 혹은 공포로 인한 것은 아니어야 한다.

정서적 경계선을 정확히 세우고 알리는 것은 내가 감정과 생각을 존중하기 시작했다는 의미다. 더불어 내 감정과 생각은 타인의 존중을 받아야 한다는 점을 스스로 믿기 시작했다는 뜻이다. 그렇게 나는 나의 인생을 선택할 수 있다.

정서적 경계선은
어떻게 세울까?

．
．
．

나와 깊은 대화를 하자

아마도 관계 속에서 점점 힘이 빠지고 내가 형편없다 느껴져 이 책을 펼치게 되었을 것이다. 이 책이 이끄는 길을 따라오면서 전보다 괜찮은 사람이 되었다는 느낌을 받으리라 믿는다. 더 이상 일방적으로 빼앗기고 부탁을 들어주기만 하는 사람이 아니고 생각과 감정을 솔직하게 표현해 상대방으로부터 존중받는 연습을 하는 중일 것이다.

이런 변화와 함께 내면에서는 이런 걱정과 두려움이 뒤따를지도 모르겠다.

'그는 내 상사야. 내가 정말로 거절해도 되는 걸까?'

'부모님 말씀대로 안 했다고 상처받으시면 어쩌지? 불효하는 게 아닐까?'
'여자친구 부탁을 거절했다가 혹시 화라도 내면? 혹시라도 더는 나를 사랑하지 않는다고 하면? 난 개가 화낼까 정말 무서워……'

만약 이런 생각에 두렵다면 모든 주의력을 호흡에 집중해 보자. 깊이 숨을 들이쉬고 내뱉으면서 나의 몸을 느끼고 호흡을 느껴 보자. 평정심을 찾았다면 스스로에게 이렇게 묻자.

'부탁을 거절하거나 내 생각을 말했을 때 나타날 최악의 결과는 과연 어떤 모습일까?'
'이 관계를 유지하기 위해 지금껏 참고 견디면서 내 감정을 너무 홀대한건 아닐까?'

이 질문을 통해 거절하거나 생각을 솔직히 말했을 때 나타날 것이라 예상하는 최악의 결과는 사실 감당할 수 있는 수준이라는 걸 발견할 것이다. 또한 이 관계에서 더는 억울한 자리에 서지 않고 건강하고 존중받는 관계를 만들고자 하는 나를 발견할 것이다.

이제 진짜 내가 원하는 것을 떠올리고 자신감을 불어 넣자. 그리고 그 결과를 감당할 수 있다는 사실을 믿으면 좋겠다. 절대 심리적인 두려움이나 공포 때문에 나의 진실한 반응과 행동을 억제하지 않도록 하자.

상대방의 정서적 반응은 감당할 수 있다. 왜냐하면, 그건 내 잘못이 아니기 때문이다. 상대방이 실망해서 내뱉는 공격적인 말도 감당할 수 있다. 그건 그 사람의 생각이지 내 생각이 아니기 때문이다. 상대방이 계속 상처를 준다면 그 관계에서 떠나도 좋다.

상대방의 생각을 제어할 수는 없지만 그렇다고 그의 인정이나 호평을 얻으려 노력하지 않아도 된다. 나는 오직 나만이 평가할 수 있다. 나는 그가 말하는 그런 사람이 아니라는 걸 스스로 믿어야 한다. 이렇게 생각할 수 있다면 상대방의 말은 더 이상 상처가 되지 않을 것이다.

이제 내면에 일어나는 걱정과 죄책감을 감당할 수 있다. 그건 내 잘못으로 생긴 것이 아니라는 사실을 깨달았기 때문이다. 습관적인 죄책감으로 생긴 것이었고, 이제껏 남을 만족시켜주며 살아온 관성에서 비롯된 것이었다.

스스로 내면의 공포와 두려움을 마주할 수 있도록 힘을 주고 기회를 주자. 직접 그 공포를 대면하기 시작하면 그렇게 두려워할 일이 아니라는 것을 느낄 것이다. 그리고 그 모든 걸 감당할 능력이 있다는 점도 서서히 깨달을 것이다. 설령 최악의 결과가 나타난다고 해도 걱정하던 것처럼 그렇게 심각하진 않을 것이다. 심지어 그런 상황은 아예 일어나지 않을 수도 있다.

실전 연습

크게 심호흡을 하면서 질문을 읽고 대답해 보자.

- 내게는 정신적 스트레스를 주거나 심지어 숨이 막힐 것 같은 고통을 주는 관계가 있을까?

  _____

- 그런 관계가 있다면 그는 어떤 식으로 부탁하고 어떤 말을 할까? 어떤 표정이나 동작, 행동으로 스트레스를 주고 있을까?

  _____

- 만일 그의 부탁을 거절했을 때, 가장 걱정되는 것은 무엇일까?

  _____

Key Point

질문에 대한 답을 천천히 생각해 보자. 그러고 나서 '내가 생각한 두려움'과 '실제로 일어날 최악의 결과' 사이의 차이를 눈여겨 보자. 내가 생각하는 두려움은 실제로 일어날 수 있는 결과에 비해 과장되어 있다는 점을 발견할 것이다. 그 결과를 대면하고 충분히 감당할 능력이 이미 있으며 지혜롭게 잘 해결할 수도 있다. 이런 생각은 용기를 줄 것이고 협박자가 가하는 위협을 과대 해석하는 걸 막아줄 것이다. 그리고 내 인생을 책임지고 통제하는 법을 배울 수도 있다. 이를 통해 나에게는 얼마나 많은 기회와 능력이 있는지 새삼 깨닫게 될 것이다.

정서적 경계선,
정서적 마지노선

정서적 경계선을 세워갈 때 어쩌면 이렇게 걱정할 수도 있다.

'정말 내가 문제라면? 내가 스트레스에 너무 취약한 거 아니야? 내가 너무 예민한가?'
'이렇게까지 솔직하게 감정을 말해도 될까? 나만 생각하는 걸까? 가끔씩 이렇게 도와주는 건 큰 문제 없지 않을까? 나를 너무 까탈스럽다고 생각하면 어쩌지?'

정서적 협박자와 대면해 나만의 정서적 경계선을 세워가는 과정에서 많은 사람이 직면하는 문제는 자신에 대해 확신을 갖지 못하는 것이다. 어쩌면 이 말에 동감하고 있을지도 모르겠다. 내 감정을 우선하는 연습을 시작하면 습관적인 죄책감이 또 고개를 들고 경종을 울릴 것이다. 그 소리를 들은 '자아 의심병'은 곧바로 튀어나와 커다란 올가미를 만들어 빠져나오지 못하게 한다. 그렇더라도 앞에서 말했던 것을 명심하라. 습관적인 죄책감은 그동안 늘 해왔던 방식이다. 타인의 요구에 반응하는 생존전략이자 관성으로 굳어진 하나의 사고방식인 것이다. 과거의 전략과 방식에서 벗어나려면 새로운 사고방식으로 대체할 필요가 있다. 이 새로운 사고방식이란 내 감정과 생각을 근거로 자신의 정서적 경계선을 세우는 것을 의미한다. 당연히 이 과정은 불편하고 어색하기 마련이지만 결코 틀린 건 아니다.

경계선이라 함은 스스로 참아낼 수 있는 범주를 뜻한다. 즉 다른 사람이 이 경계를 침범하면 머릿속에서 사이렌이 울리고 불편함을 느낀다. 그런데 이 범주는 사람마다 다르다. 그래서 자신만의 정서적 경계선을 이해하고 받아들이는 일은 매우 중요하다. 그래서 이 경계선은 스스로 결정해야 한다. 나는 이에 대해 누구에게도 해명할 필요가 없다. 인정과 동의도 필요 없다. 설령 인정하지 않는다 해도 나와 함께 어울리고 싶다면 내가 용납할 수 있고 내 감정을 존중하는 소통의 방식을 사용해야 한다.

꼭 기억할 것이 있다. '정서적 경계선'과 '정서적 마지노선'은 분명한 차이가 있다는 점 말이다. 경계선은 타인과의 상호작용에서 어디까지가 나에게 속한 '영토'인지 알 수 있게 해준다. 또 나를 불편하게 만드는 그 감정선을 정확히 찾도록 도와줘서 그 안으로는 침범해서는 절대 안 된다는 것을 깨닫도록 해준다. 이는 더 이상 끌어내리거나 올릴 수 없는 정서적 마지노선과는 차이가 있다. 마지노선은 참을 수 있는 한계로 누구라도 이를 넘으면 바로 폭발해 버린다.

만일 내가 세워놓은 것이 경계선이 아닌 마지노선이라면 설령 경계를 구분 지었다고 해도 내면에는 여전히 고통과 혼란으로 가득한 걸 보게 될 것이다. 게다가 계속해서 억울함을 느끼고 존중받지 못한다는 느낌을 받거나 스스로 가치 없는 사람이라 느낄 수도 있다. 하지만 정서적 경계선을 확실히 세워두었다면 내가 처한 상황이나 요구에 맞게 탄력적으로 조정할 수 있다. 그래서 다른 사람과의 상호작용도 탄력적일 수 있는 것이다. 타협할 수 없는 경직된 경계선으로 나와 타인의 거리를 결정하는 것이 아니라는 얘기다. 이것이 바로 '정서적 경계선'과 '정서적 마지노선'의 차이다.

과거의 관성적 사고방식에서 탈피해 스스로에게 이렇게 일러주자.

"원치 않는다면, 다른 사람을 만족시키지 않아도 돼."
"원치 않는다면, 다른 사람의 감정을 책임지지 않아도 돼."
"원치 않는다면, 내 감정을 먼저 생각해도 돼. 그 사람의 처지를 자꾸 배려하지 않아도 되는 거야."

"내가 정한 경계선을 계속 유지해도 돼. 다른 사람의 동의는 필요 없어. 내 감정과 생각을 존중하는 일은 인생에서 가장 중요하고, 그게 내가 사는 이유니까."

기억하자. 정서적 경계선은 나에게 속한 영토이자 내가 다스리는 나라로, 나는 그 나라의 왕이다. 나는 내 나라의 소통과 교류하는 방식을 결정할 수 있으며, 다른 나라의 왕과 어떤 방식으로 관계를 만들어갈지 결정할 수 있다. 왕인 나에게는 당연히 나라를 보호할 의무가 있다. 내 나라 영토의 범주를 결정하는 근거는 나의 생각과 감정이다.

감정을 부정한다는 것은 매우 슬프고 상처가 되는 일이다. 그것 때문에 나를 의심하고 생각을 부정한다면 내 감정을 보호할 수 없게 되고, 적의 침략은 끊임없이 이어질 것이다. 상상해보라. 얼마나 끔찍한 일인가?

그러니 이제 다른 사람만 배려하는 사고방식을 바꿔 나를 배려하는 연습을 시작하자.

정서적 협박에서 벗어나려면 나의 정서적 경계선을 세우는 일부터 시작해야 한다. 그리고 이 경계선은 나의 감정과 생각을 존중하는 데부터 시작한다는 사실을 꼭 기억하자.

실전 연습

정서적 경계선은 어떻게 세워야 할까?

- 나는 관계 속에서 보통 무슨 일로 불편한 감정을 느낄까?

  _____

  _____

- 무엇이 나를 불편하게 만들까? 어떻게 불편한가?

  _____

  _____

- 불편하다고 느끼면 나는 어떤 반응을 보일까?

  _____

  _____

- 무엇 때문에 불편하다고 말하기 꺼려질까? 불편한 감정을 느낀 뒤 이를 말하려고 할 때 주저하게 만드는 말이나 생각은 무엇이 있을까?

  _____

  _____

- 주저하게 만드는 그 생각을 글로 써 보자. 그것은 과연 합리적일까? 혹시 습관적인 죄책감에 해당하진 않을까?

  _____

  _____

- 그 문장을 '내 생각과 감정을 존중한다면'이라는 말을 추가해서 바꿔보면 어떨까? 이를 글로 써 보자.

_____

_____

Key Point

새롭게 적은 문장을 작게 잘라 지갑에 넣고 다니거나 수시로 볼 수 있는 곳에 붙여 정서적 경계선을 지키는 '부적'처럼 사용하자.

내 감정을 충분히 느낀다

정서적 경계선을 이해하고 두려움에 맞서기로 해 삶의 방식을 바꾸기 시작했다면 마음속에 용기와 희망으로 가득 차는 것을 느낄 것이다. 문제는 이러한 용기가 너무 빨리 사라진다는 점이다. 특히 정서적 협박자와 상호작용을 하다 보면 이내 '불편함'을 느끼게 된다. 이런 습관적인 죄책감은 다른 사람을 실망하게 했다고 생각하게 만들고 그 모든 건 자신의 실수이며 자기의 문제라고 여기게 한다.

이렇듯 어린 시절부터 지금까지 나름대로 중요하게 여기며 살아온 삶의 원칙을 넘어서려 하면 무의식적으로 '이래도 되는 건가?'라는 자기의심이 시작되는 것이다. 그래서 의욕적으로 품었던 용기는 이런 고민과 자기의심 속에서 서서히 모습을 감춘다.

과연 어떻게 해야 용기를 잃지 않고 더 용감해질 수 있을까? 나는 내면의 감정을 충분히 느껴보라고 말하고 싶다. 타인의 부탁을 억지로 들어줄 때마다 느껴지는 좌절감을 충분히 느끼는 것이다. 정서적 협박자가 깎아내리고 공격하는 말로 굴복시켜 어쩔 수 없이 따르게 될 때 내가 느끼는 고통과 무력감, 처절함을 충분히 느끼자. 시키는 대로 하고 싶지 않지만, 수단과 방법을 가리지 않기에 어쩔 수 없이 타협할 그 때 철저히 무시

받고 있다고 느끼는 그 감정을 충분히 느끼자.

압박과 억울함, 나는 가치 없는 존재라고 느껴지는 아픔, 존중받지 못한다는 슬픔, 내 감정은 아무도 신경 쓰지 않는다는 상처까지 이 모든 것을 그냥 넘어가지 말라. 합리화하거나 상처를 희석하지도 말고 천천히, 충분히 느껴보도록 하자.

이렇게 말하면 "그건 정말로 고통스러워요. 오히려 더 이상 살고 싶지 않다는 생각을 하게 하는걸요. 왜 그런 아픔들을 충분히 느껴보라 하는거죠?" 하고 사람들이 묻는다.

상처를 돌아보라는 것은 괴롭히기 위함이 아니다. 상처의 깊이를 정확히 보고 스스로에게 정말 중요한 사실 하나를 깨닫게 하기 위함이다.

'세상 그 누구도 이런 대우를 받아서는 안 돼.'

정서적 협박의 관계에서 심각한 마음의 상처를 입었다. 게다가 그 상처는 현실에도 반영되어 눈으로도 볼 수 있는 지경이 되었다면 생각보다 훨씬 심각한 상황이다. 중상을 입은 환자가 건장한 사람을 부축한다는 건 말도 안 되는 일이다. 혹시 이런 일을 하고 있지는 않은가? '난 괜찮아'라는 말로 모든 아픔을 지워내려고 하진 않는가?

나의 상처를 느끼기 시작했다는 것은 남의 감정이나 아픔을 우선으로 하지 않고 자기감정을 먼저 생각하고 중시하기 시작했다는 뜻이다. 내 감정을 내가 먼저 중시하지 않는다면 타인도 나를 똑같이 대한다. 그러니 지금부터라도 내면의 상처와 아픔에 눈을 돌리도록 하자. 내가 겪은 억울함과 슬픔을 충분히 느껴보고 충분히 위로하고 감싸주자.

지금까지 한 번도 나를 위해 그렇게 해본 적이 없을 지도 모르겠다. 하지만 그 상처가 얼마나 아픈지 똑바로 알아야 비로소 내가 그런 대접을 받을 사람이 아니라는 사실을 깨닫고 자신을 보호할 용기가 생긴다. 이로써 더는 억울하게 타인의 무시와 협박을 용인하지 않을 수 있다. 나아가 더는 '내 감정에 집중해도 되는 걸까?'라는 필요 없는 걱정으로 전전긍긍하지 않아도 된다.

남의 감정까지
책임질 필요는 없다

● "어렸을 때부터 부모님은 '다정하고 남의 기분을 잘 이해하는 사람이 되어야 해', '남들과 잘 어울려야지 그렇지 않

으면 사람들이 싫어할 거야'라고 가르치셨어요. 한참이 지나서야 무리 속에서 늘 다른 사람의 표정을 살피는 나를 발견했죠. 불쾌한 표정을 짓는 사람을 보면 갑자기 긴장했고 '나 때문에 그러는 걸까?' 하고 무서워했어요. 그러다 보니 표정이 안 좋은 사람이 있으면 나 때문이 아닌데도 나도 모르게 기분을 풀어주려 노력해요. 단체생활을 하면서 무례한 말이나 행동을 하는 사람에게도 그의 기분을 배려하기 위해, 전체 분위기를 망치지 않기 위해서 그냥 꾹 참고 웃어요. 아무렇지 않은 것처럼 말이죠."

혹시라도 나의 모습을 보는 것 같은가? 지금껏 살아온 인생을 잘 돌아보자. 남이 아닌 오로지 나만을 위해 살았던 시간은 과연 얼마나 될까? 지금부터는 나의 감정을 우선순위에 놓는 연습을 시작하자. 이것은 다른 사람과의 단절을 뜻하거나 그들과는 타협할 수 없다는 의미가 아니다. 오히려 상대방의 존중을 받으면서 대화할 수 있다.

상대방이 무언가를 부탁한다면 그 일에 대해 명확하게 이야기하고 나의 동의를 받아야 한다. 깎아내리거나 죄책감을 유발하는 방식으로 초조함을 부채질해 어쩔 수 없이 들어주게 해서는 안 된다. 나에겐 선택권이 있다. 그 사람의 요구를 들어주길 원한다면 그것은 나의 자유와 선택에 의한 것이어야지 의무가 되어서는 안 된다. 자유와 선택에 근거해 부탁을 들어줄 때 비로소 성취감을 느끼고 내게도 능력이 있음을 알게 되어 다른 누군가를 위해서도 그렇게 할 수 있다.

사실 우리 인생에서 가장 중요한 일과 의무를 꼽으라면 타인의 권익을 침해하지 않는 범위에서 자신의 감정을 우선시하고 자기가 하고 싶은 일을 하는 것이지 남의 요구를 들어주는 것이 아니다. 다시 한 번 마음에 새겨두자.

다른 사람의 감정은 내 책임이 아니다. 내 인생의 목적은 타인의 바람을 들어주는 게 아니라 내가 원하는 일을 하는 것이다. 타인의 권익을 침해하지 않는 범위에서 내 감정을 최우선으로 하고 내가 하고 싶은 일을 중시하는 것이다. 이건 결코 틀린 일이 아니다. 나에게 계속해서 일러주자. "남을 책임지기 위해 사는 게 아니야."라고.

타인의 부탁과 요구로 힘들게 짊어진 그 짐을 내려놓자. 그건 그들의 숙제이지 내 것이 아니다. 이제 족쇄를 풀고 나를 더 돌아보자. 그리고 아직 끝내지 못한 나의 숙제를 완성하자.

이제 정서적 협박의 개념과 내면세계에 대해 충분히 이해했으리라 믿는다. 그렇다면 이어서 다음의 연습을 하자.

협박당하던 방식 이해하기

자주 당하던 정서적 협박의 장면을 떠올려보고 질문에 답해 보자.

- 정서적 협박을 당했을 때 그들은 어떤 방식으로 몰아갔는가?
- 어떤 사람이 되고 싶은가? 되고 싶은 모습을 글로 적어 보자.
- 내가 원하는 그 모습이 되기 위해서 무엇을 어떻게 해야 협박자의 협박을 막을 수 있을까?
- 내가 생각한 그 방법을 큰 소리로 읽자.

신뢰할 수 있는 친구나 가까운 사람에게 부탁해 그 방법을 실천할 수 있도록 도움을 요청하고 새로운 인생의 증인이 되도록 하자.

이 방법은 큰 자신감을 심어줄 것이다. 친구와 가까운 사람들의 응원을 받고 용기를 내서 새로운 인간관계 모드를 실행해 보자.

실전 연습

어떤 사람이 되고 싶은지 생각해보고 제시문을 이용해 문장을 완성해 보자.

- 나는 _____
  _____
  _____ 사람이 되고 싶다.

- 나는 _____
  _____
  _____ 할 수 있다.

- 나는 꼭 _____
  _____
  _____ 할 것이다.

- 나를 위해 _____
  _____
  _____ 할 것이다.

나를 위한 응원단이 되자. 나에게 힘이 될 문장을 적어 내게 죄책감을 주던 말들과 대체하는 것이다.
1. 정서적 협박자와 있었을 때 그는 나에게 어떤 말을 사용했나? 분명 죄책감을 유발하는 말이나 자책의 말이었을 것이다. 그 말들이 내게 미치는 영향을 생각하면서 글로 적어 보자.

2. 내가 되고 싶은 모습을 생각해 보자. 그 모습이 되기 위해 어떤 말을 해주겠는가? 협박자들의 말들 밑에 적어 보자.

_____

_____

_____

_____

3. 2번에 적은 문장들을 매일 큰 소리로 읽자.

• 더욱 확실한 실행을 위해 예문으로 이해를 돕고자 한다.

(협박자) 다른 사람의 감정을 신경 써야만 해.
(내 생각) 무엇보다 내 감정이 가장 중요하기에 내 감정을 최우선으로 둬야 해.

(협박자) 다른 사람의 부탁을 들어줘야 좋은 사람이 될 수 있어.
(내 생각) 내 인생의 목표는 내 바람을 이뤄가는 것이야.

(협박자) 다른 사람이 나 때문에 기분이 나쁘다면 모두 내가 책임져야 해.
(내 생각) 내 행동에 책임을 져야 하지만 다른 사람의 감정 까지 책임질 필요는 없어.

Key Point

자신에게 용기를 줄 수 있는 문장을 적어 항상 지니고 다니자. 그리고 매일 거울을 보면서 최소한 세 번 반복해 말해주자. 중요한 건 큰 소리로 반복하는 것이다.

이것은 나를 향한 선언이자 자각이다. 말에는 능력이 있다. 자신을 위한 응원단이 되어주자.

튼튼하게
마음의 울타리를
세운다

마음의 준비를 마쳤다면 이제 본격적인 연습에 들어갈 차례다.

정서적 협박자와 있을 때 나만의 정서적 경계선을 세우는 연습을 하고 싶다면 다음의 중요한 세 가지, '멈추고', '관찰하고', '대응하기'를 기억하자.

멈추기:
일단 그 상황에서 벗어난다

정서적 협박자가 어떤 요구를 할 때는 목소리나 감정, 혹은 특정 표현 방식을 사용해 압박하기 마련이다. 이 압박은 큰 걱정과 초조함을 불러일으켜 반사적으로 요구를 들어주도록 조종한다.

흔히 그들은 끊임없이 몰아세우면서 이 일이 얼마나 중요한지 강조한다. 지금 당장 답하지 않으면 안 될 것 같은 분위기를 만들고 자기 목숨과도 관련이 있는 양 호들갑을 떨곤 한다. 그러는 바람에 들어주기 싫지만, 심리적 압박감과 그 압박감으로 생긴 초조함 때문에 어쩔 수 없이 반사적으로 그 요구를 들어줬던 것을 기억하는가?

이런 압박감과 초조함은 객관적인 판단을 가로막아 굉장히 긴급한 일이라고 착각하게 해 현실과 나의 감정을 제대로 보지 못하게 만든다. 사실 알고 보면 그 일은 그렇게 급하지도, 심각하지도 않다.

내면의 초조함을 처리하는 것은 하루아침에 되지 않는다. 그럼에도 불구하고 계속해서 정서적 협박자와 상호작용을 해나가야만 한다. 그래서 협박자들을 마주했을 때 먼저 이렇게 마음의 준비를 하자.

'내가 먼저 저 사람을 거절할 수 있어. 내가 먼저 싫다고 말할 수 있어. 나는 아무 부탁도 들어주지 않아도 돼.'

수잔 포워드는 정서적 협박자의 그 어떤 요구도 들어주지 않아도 된다고 말한다. 이것은 매우 중요한 개념이자 중요한 마음의 준비 작업이다.

협박자들의 요구에 바로 답하지 않아도 된다. 심지어 그 어떤 요구도 들어주지 않아도 무방하다. 특히나 마음에 조금의 거리낌이나 불편한 감정이 든다면 더욱 그렇다. 부탁을 들어주기로 했다면 그건 원해서가 아니라 두려움과 불편함 때문이다. 이런 압박으로 느끼는 불안감이나 초조함은 생각보다 뿌리가 깊다. 그러니 이런 상황에서는 모든 걸 멈추고 스스로에게 생각할 시간을 주어야 한다.

그렇다면 어떻게 벗어나야 할까? 특히 아직 그 불안함을 성공적으로 달래본 경험이 없다면 어떻게 해야 할까?

답은 간단하다.

그 자리를 떠나라.

압박을 받는 그곳에서 즉시 떠나라는 말이다. 물리적인 장소가 될 수도 있고 전화 통화 같은 것이 될 수도 있다.

통화 중이라면 "당신 생각은 알겠어요. 하지만 나도 생각할 시간이 필요해요. 지금 바로 대답하기 곤란해요."라고 말하자.
그런데도 계속해서 설득하고 대답을 받아내려 한다면 위의 말
을 반복해서 얘기하고 그런 다음 전화를 끊자.

만남이 이루어지고 있는 곳에서 부당한 대우를 받는다는
느낌이 들거나 자꾸만 상대방이 대답을 강요할 경우도 있을 수
있다. 그렇다면 먼저 나의 감정과 생각에 집중하라. 그리고 이
렇게 말하자. "시간이 필요해요. 생각을 좀 해 볼게요." 그런 다
음 그 자리를 떠나자.

평소 여유가 있을 때 위 문장에 다른 문장을 추가해 연습해
놓자. 이렇게 정서적 협박자들을 만났을 때 무의식적으로 자신
에게 경각심을 일깨워주고 연습했던 말로 반응한다면 이제껏
바로바로 상대의 요구에 응했던 습관을 고칠 수 있을 것이다.

이제 막 실전에 들어간 상태에서는 스스로부터 바뀐 나의
반응에 적응하기 위해 먼저 압박의 원인을 제공하는 자리를 떠
나 방금 내가 어떻게 행동했는지 돌아보는 게 매우 중요하다.

그 자리에 계속 남는다면 과거와 달라진 나를 향해 협박
자들은 더욱 맹렬히 공격해 올 것이며 어떻게든 설득하고 대답
을 받아내려 할 것이다. 사실 이것은 지극히 정상적인 반응이
다. 협박자들에게는 달라진 내 모습이 그들의 생존을 위협한다

는 느낌을 주고 초조하게 만들기에 과거보다 더 강력한 수단으로 설득해 예전처럼 자기를 따르도록 할 것이다. 심지어는 협박자들의 설득 한마디 한마디에 다 대답하거나 넘어가 그들의 함정에 빠질 수도 있다. 그러면 결국 어쩔 수 없이 또 그들의 요구를 들어주고 걷잡을 수 없는 후회를 하게 된다. 이런 일이 일어나지 않도록 막아야만 한다.

잊지 말자. 지금 당장 결정할 수 없다. 계속 일관적인 태도를 고수해야 한다. 상대를 설득할 필요도, 지금 결정할 수 없는 나의 입장을 해명할 필요도 없다. 지금 당장 결정할 수 없다는 것이 나의 입장이다. 이런 생각만 분명히 전달하면 된다. 스스로 자기의 주인이 되기로 했다면 자신을 위해 결정한대로 하면 된다. 남의 허락은 받지 않아도 된다.

실전 연습

내가 자주 당했던 정서적 협박을 떠올려보고 어떻게 해야 상대의 부탁을 바로 들어주지 않을 수 있는지 연습해 보자. 만일 직접 거절하는 게 쉽지 않다면 간접적인 표현을 생각해 적어 보자.

_____

_____

_____

_____

Key Point

1단계: 시간을 확보한 뒤 생각하기
시간을 확보할 수 있는 말들을 써보도록 하라. 다양한 경우의 수를 생각해야 한다. 그런 뒤 거울을 보고 반복해서 그 말을 연습하자.

_____

_____

2단계: 끈질기게 설득하려 해도 태도를 고수하고 단호히 대응하기
이어서 이런 경우도 생각해 보자. 계속해서 설득하려 하고 심지어 더 큰 압력을 가하는 경우다. 이런 상황을 만난다면 먼저 깊게 심호흡을 한 뒤 내면에서 용솟음치는 초조함을 진정시키도록 하자. 그런 다음 시간을 확보하기 위해 생각했던 그 문장을 반복하자. 때로는 1단계보다 더 어려울 수 있다. 1단계를 성공했더라도 2단계를 넘지 못해 공든 탑이 무너지는 경우도 많다.

분명히 만나게 되리라 생각되는 장면을 떠올려보고 그때 내 감정은 어떨지 미리 적어 보자.

- 나에게 할 수 있는 압박이나 설득의 말을 떠올리면서 거울을 보고 거절 의사를 표현하는 연습을 하자.
- 믿을 만한 친구나 가족에게 정서적 협박자의 역할을 부탁해서 그의 압박과 설득에 대응하는 연습을 하자.

연습 후에는 똑같은 장면을 다시 떠올려보고 감정이 어떤지 적어 보자. 연습 전과 어떤 점이 달라졌는지 생각해 보자.

3단계: 자리 떠나기

때론 포기하지 않고 집요하게 설득하거나 심하게 정서적으로 압박할 수 있다. 달라진 나의 반응에 상대도 초조함을 느끼기 때문이다. 그래서 자리를 떠나는 연습이 중요한 것이다.

- 만일 전화나 문자로 압박할 경우 어떻게 거절할 건지, 심한 경우 어떻게 자리를 떠날 건지 생각해 보자.
- 직접 만난 상황에서는 당장 부탁을 들어주기 어렵고 생각할 시간이 필요하다는 말을 하자. 그리고 적당한 이유를 찾아 즉시 자리를 떠나자.

설령 상사나 선배라고 해도 그 자리를 떠나는 것을 막을 권리는 없다. 그러니 자주 만나는 정서적 협박자에게는 합리적이면서 그와 정면으로 충돌하지 않을 이유를 찾아 최대한 생각을 밝히고 그 자리를 떠나는 것이 좋다. 이로써 설득하거나 더 많은 압박을 가할 기회를 차단해야 한다.

완곡하게 상대의 부탁을 거절하면서 상대가 압박을 가하는 장소를 피할 나만의 방법을 생각하고 이를 연습해야 한다. 그렇게 협박자가 조성한 '협박과 위기의 근원'을 벗어나 자신만의 공간을 확보해야만 내면에 울리는 위기 경보음을 진정시키고 이성적으로 사고하고 판단할 가능성이 높아진다.

나만의 피하는 방식을 생각해 적어 보자.

_____

_____

_____

_____

관찰하기:
그 일을 가만히 돌아본다

긴장 풀기

모든 걸 멈추고 그 장소를 나왔다면 그 다음 할 일은 바로 '관찰'이다. 관찰은 세 가지 원칙 중 가장 중요하다. 나의 정서를 자세히 관찰하고 방금 무슨 일이 있었는지 곰곰이 생각해야 한다. 만일 장소를 피했다면 머릿속은 매우 혼란스럽고 정신이 없을 것이다. 이때 다음 단계에 따라 침착하게 생각해볼 수 있다.

1. 먼저 깊이 심호흡을 하자. 호흡에 모든 주의력을 집중시켜 공기가 어떻게 몸으로 들어오는지 느끼고 또 어떻게 밖으로 나가는지 충분히 느끼자.
2. 심호흡을 하며 자신에게 이렇게 일러주자. '난 이미 그 끔찍한 장소를 떠났어.' 그리고 편안한 자세로 긴장했던 몸과 마음을 풀자.

일어났던 일 돌아보기

긴장이 풀리고 초조함이 사그라졌다면 이제 스스로에게 질문한다. '방금 무슨 일이 일어났던 거지? 왜 그렇게 불편한 감정을 느꼈을까?' 조금 전 정서적 협박자와 있었던 일을 떠올리며 상대가 했던 행동이나 말 중에 어떤 것이 나를 불편하게 만들었는지, 무시 받는다는 느낌을 주었는지, 압박한다는 생각을 하게 했는지 복기한다. 불편한 감정을 충분히 느껴보는 이 작업이 가장 중요한 부분 중 하나다.

과연 어떤 과정에서 불편한 감정을 느꼈는지, 무시 받는다는 느낌을 받았는지 생각해보고 그 불편한 감정을 수용하자. 그리고 스스로에게 묻자. '그럼 나는 상대가 어떻게 하길 바라는 걸까? 또 나는 어떻게 해야 하지?' 또 이렇게도 자문하자. '그 사람이 부탁한 일이, 그 사람이 나를 대하는 방식이 내 원칙을, 내 경계선을 넘은 것 아닐까? 그래서 내가 기분이 나빴나?'

나의 감정을 관찰한 뒤 내가 원하는 것을 생각하자. 그렇게 되면 나의 입장을 더욱 분명히 알게 되며 그에 대한 명확한 답을 얻을 수 있다.

초조함과 죄책감 달래기, 경계선 되새기기

협박자의 요구로 불편한 감정이 느껴지고 상대가 원하는 대로 따르기 싫을 때, 나의 마음속에는 불현듯 초조함이 밀려들 것이다. 그런데 이때 대부분 지난 시절 자기를 지켜주었다고 믿고 살아온 삶의 원칙으로 자책하고 자신을 의심한다. 습관적인 죄책감이 다시 모습을 드러내고 상대의 부탁을 거절했다가 미움을 받을지도 모른다는 생각에 초조함을 느끼게 된다. 바로 여기서 꾸준히 연습했던 효과를 볼 수 있다.

새로운 상호작용 방식으로 새 인생을 살기로 한 스스로에게 이렇게 말해 주자. '난 내가 원하는 걸 하기 위해 사는 거야. 다른 사람을 만족하게 하기 위한 인생을 사는 게 아니라고. 내 감정을 우선시하는 건 틀린 게 아니야.' 이 말을 몇 번이고 되뇌어 용기를 되찾으면 자신감을 느끼는데 도움이 될 것이다.

초조함이 사라지면 스스로에게 이렇게 물어 보자. '나만의 정서적 경계선이 어디였지? 나는 어떤 사람이 되고 싶었지? 새로운 삶을 살려면 나는 어떻게 해야 하지?'

안타까운 점은 정서적 협박자가 사용하는 소통 방식을 알고 협박에서 벗어나기 위해 자신을 바꿔야 한다는 걸 알면서도 '머리로는 알지만, 가슴으로 받아들이지 못하는' 경우가 허다하다는 것이다. 또 마음이 내키지 않아 초조함이 다시 고개를 들면 죄책감에 휩싸이고 무서워하지 않아도 될 협박자의 위협에 덜덜 떠는 자신을 발견하기도 한다.

그래서 이것은 치열한 '자기와의 싸움'이다.

정서적 협박과 싸우는 과정에서 진짜 적은 초조함이나 죄책감이 아니다. 그것들은 과거 나의 삶에 존재했던 것들로 내가 살아남기 위해서는 꼭 필요했다. 과거의 삶에서는 오히려 초조함이나 죄책감의 도움을 받았던 적도 있다. 하지만 지금은 다르다. 나는 그렇게 많은 죄책감에 시달릴 필요가 없다. 이 죄책감과 초조함이 너무 쉽게 모습을 드러내고 나를 괴롭힌다면 지금의 삶을 온전히 누릴 수 없고 도전하는 삶을 살 수 없다.

초조함과 죄책감이라는 감정들을 잘 억누르고 스스로 일깨워주어야 한다. 나의 정서적 경계선은 어디이며, 과거에 자주 느꼈던 죄책감과 초조함은 사실 어쩔 수 없이 몸에 밴 습관이었음을 말이다. 이제 더는 그 습관에 민감하게 반응할 필요가 없다. 그러니 나의 정서적 경계선을 정확히 기억하고 자신에게 잘 알려주어야 한다.

'나는 내 감정과 정서적 경계선을 잘 보호해야 해. 내가 아니면 보호해 줄 사람이 없어.'

만일 이 단계에서 내면의 걱정과 초조함을 잘 달래주고 정서적 경계선을 끊임없이 자각한다면 좀 더 쉽고 용감하게 새로운 인간관계 전략을 실행할 수 있을 것이다.

나는 언제 잘 걸려들까?

'관찰하기' 단계에서 시간을 조금 더 들여서 생각해 보았으면 하는 점이 한 가지 있다. 상대가 무슨 일, 어떤 말을 하면 특히 쉽게 죄책감에 시달리고 초조해하는가?

● "아빠는 건강이 안 좋으세요. 제가 돌봐드려야 할 때가 많죠. 그런데 아빠와 한 공간에 같이 있으면 스트레스가 심해지고 불편함을 자주 느껴요. 한 번은 아빠와 같이 있는데 너무 불편한 느낌이 드는 거예요. 그날은 그냥 자리에서 일어나 집을 나왔어요. 왜 그런지 잘 생각해 보니 아빠의 혼잣말 때문이었어요. 예를 들면 이런 거죠. 아빠는 냉장고에 있는 물을 드시고 싶어도 가져오라고 시키지 않고 들을 수 있을 만한 소리로 혼잣말을 하세요. '아이고. 내 팔자야. 이놈의 몸뚱아리는 진짜 쓸모도 없지. 냉장고에 있는 물도 제대로 마음대로 가져다 먹지 못하니. 그렇다고 내 생각을 해주는 사람이 있나. 아이고, 비참해라.' 이런 말을 들으면 제 마음에는 근심과 초조함이 생겨요. 그리고 바로 그 자리에서 일어나 아빠에게 물을 가져다 드리죠. 아빠가 그렇게 혼잣말로 불만을 터트리면 저도 모르게 이렇게 생각해요. '아빠가 저렇게 힘드신데 내가 책임을 져야지. 만일 아빠를 도와드리지 않으면 나는

천하의 불효녀가 되는 거야.' 그런데 이렇게 조종당하는 느낌이 너무 싫어요. 사실 아빠를 돌봐드리기 싫은 게 아니에요. 단지 죄책감에 조종당하는 것 같은 느낌을 견디기 힘든 거죠. 죄책감 때문에 자발적인 것이 아니라 억지로 아빠를 도와드리게 되잖아요. 아무리 도움을 드려도, 착한 일을 해도 이런 느낌이 드는 게 정말 싫어요."

이처럼 아버지가 자기연민이 섞인 불만을 터트리면 자녀들은 쉽게 죄책감에 휩싸인다. 죄책감을 느끼면 자기가 뭔가 잘못하고 있다는 생각과 함께 스스로 형편없고 못난 자녀라고 느끼며 심지어 수치감을 느낀다. 이런 감정은 다시 큰 걱정과 초조함을 불러온다. 이 초조함 때문에 그들은 부모의 부탁을 들어주는 반사적 행동을 하게 되는데 이 행동은 부모의 정서적 협박이 멈출 때까지 계속된다.

이 이야기에 나온 자녀 같은 경우에는 부모와의 상호작용과 자기 내면의 변화를 정확히 본 다음 자신에게 이렇게 말해주어야 한다. "부모님이 아프신 건 내 책임이 아니야. 내가 돌봐드릴 수 있다면 당연히 좋겠지. 하지만 그렇게 하지 않는다고 해도 내가 나쁜 사람이 되는 건 아냐. 설령 그렇게 생각하신다거나 말씀하신다고 해도 괜찮아."

정서적 협박자가 어떤 방법을 동원해 가장 신경 쓰이고 싫어하는 꼬리표를 붙이는지 이해해야 한다. 그리고 그 꼬리표를 떼어내기 위해 결국 상대가 원하는 방식대로 따라주었다는 사실도 자각해야 한다. 상대방이 꼬리표를 붙이는 것이 그들이 사용하는 수단이라는 사실만 정확히 인지하면 된다.

나는 그런 사람이 아니라는 걸 안다. 그러면 굳이 시간을 들여 그걸 해명하거나 상대를 설득하지 않아도 되고 나는 그런 사람이 아니라는 걸 증명하려 뭔가를 하지 않아도 된다. 이 사실만 분명히 알고 기억하고 마음속으로 말해주면 된다. 나는 상대가 붙인 꼬리표에 있는 사람으로 바뀔 수 없다.

진짜 문제는 그 꼬리표를 있는 그대로 믿지는 않으면서 또 거기서 빠져나오지 못해 계속 상대방에게 해명하거나 무언가를 해서 꼬리표를 떼어줄 때까지 기다리는 것이다. 그렇게 다른 사람에게 자신을 정의할 수 있는 권력을 넘겨주다 보면 나라는 사람은 오직 내가 정의할 수 있고 꼬리표를 떼어내는 것 또한 스스로 할 일이라는 중요한 사실을 잊는다. 이 권력을 내어주면 나는 쉽게 분노하게 되고 그렇게 대하는 상대를 비난한다. 혹은 어떻게든 상대를 설득하기 위해 시간과 에너지를 쏟는다. 하지만 상대가 내 의견에 동의하지 않거나 설득되지 않으면 나는 그로 말미암아 아파하고 결국 어쩔 수 없는 상황을 보며 무력감을 느낄 것이다. 기억하자. 이러한 권력은 내 손안에 있다. 나는 그 권력을 다시 가져올 수 있다. 나의 권력과 용기를 지켜내자.

대응하기:
단계별 목표를 세워
의식적인 선택을 하기

한 번에 하나씩, 단계별 목표 세우기

자, 마음의 준비를 비롯한 모든 결심이 끝났다. 그럼 이제 어떻게 해야 할까?

잘 생각해 보자. 나의 감정과 생각을 우선시하고 더이상 상대방이 원하는 방식대로 따르지 않기로 했다. 이제는 무엇을 하겠는가?

실전 방법은 사람마다 다르므로 하나의 정확한 답이란 있을 수 없다. 만일 내가 결단력 있는 사람이라면 상대의 부탁을 단호하게 거절할 수 있을 것이다. 하지만 충돌을 싫어하는 사람이라면 처음 연습을 시작할 때 자신감이 부족할 수 있다. 그래서 먼저 할 수 있는 일부터 시작하길 권한다.

앞의 이야기를 다시 예로 들어 보자. 먼저 '아버지의 요구 거절하기', '아버지의 감정 책임지지 않기'를 첫 번째 목표로 세울 수 있다.

아버지가 자기연민 섞인 불평을 하기 시작해 마음에 초조함이 솟구치면 스스로에게 이렇게 말해야 한다. "아빠 몸이 안 좋으신 건 내 책임이 아니야. 아빠가 원하는 걸 전부 들어드릴 의무는 없어. 들어드리지 못한다고 해서 내가 형편없거나 못난 사람이 아니야." 가능하다면 아버지의 요구를 모른 체하거나 들어드리지 않도록 해야 한다. 만일 아버지와 같은 장소에 함께 있어 상당한 심리적 압박을 느낀다면 그 자리를 떠나야 한다.

아버지에게 받는 정서적 영향이 조금씩 줄어들고 아버지의 감정은 아버지 스스로 책임지도록 할 수 있는 때가 되면 이렇게 생각해 보자. '아빠가 그렇게 하시는 말씀이 내게 어떤 감정을 느끼게 하는지 말씀드려볼까? 내가 아빠를 싫어하는 게 아니라 아빠가 그렇게 말씀하시면 나는 천하의 쓸모없는 사람처럼 느껴진다는 걸 알려드려도 되지 않을까?'

이렇게 자신의 초조함을 먼저 달랜 뒤 상대의 요구를 거절하는 연습을 해야 한다. 이것이 습관으로 자리를 잡으면 그다음에 다른 것을 할 수 있다. 정서적 협박자에게 자신의 감정을 솔직히 표현해 건강한 상호작용을 만드는 것 등을 말이다.

사실 정서적 협박자도 악의적인 '가해자'가 아닌 경우가 많다. 앞서 정서적 협박자들의 어려움에 관해 언급했던 내용을 떠올려 보자. 사실 그들은 자신의 바람을 이루려는 방법으로 상대방에게 정서적 협박을 가하는 방법밖에는 다른 걸 배워본 적이 없다. 그래서 자신도 모르게 협박이라는 행위로 상대에게 상처를 주는 것이다 왜냐하면 자신도 마음속 근심과 초조함에 지배당하고 있기 때문이다.

기억하라. 처음부터 도달하기 힘든 목표를 세우는 것은 바람직하지 않다. 먼저 작은 목표부터 시작해 하나씩 수정하면서 천천히 자신의 변화를 느끼고 인정한 다음 이 과정 중에 어떻게 인생의 주도권을 찾아오는지 살펴보고 과거와 달라진 자기감정을 느껴보도록 하자.

의식적인 선택

이런 의구심을 품는 사람이 있을 수 있다. '설마 정서적 경계선을 세운 다음에는 다른 사람 요구를 하나도 들어주지 말아야 하는 건가? 그렇게 해도 괜찮을까? 그럼 너무 이기적인 거 아닐까?'

먼저 중요한 개념 하나를 정확히 짚고 넘어가려고 한다. 자기감정과 생각을 중시하는 것은 결코 이기적인 것이 아니다. 하지만 일방적으로 다른 사람에게 자기 요구를 들어주길 강요하고 심지어 그 사람의 정서적 경계선을 침범해 상대를 깎아내리면서 목적을 달성하려고 한다면 그것이야말로 이기적인 행동이다.

정서적 경계선의 가장 중요한 목적은 자기의 진짜 생각을 이해하고 자기의 감정에 책임을 지는 데 있다. 아울러 공포나 두려움에서 비롯된 것이 아닌 자발적이고 의식적으로 행동하고 선택하기 위함이다. 물론 자기 생각과 감정을 가장 중시하면서도 여전히 타인의 생각을 신경 쓸 수 있다. 그러나 이것은 내가 그 사람을 중요하게 생각해서이지 무섭거나 두려워서가 아니어야 한다. 그래서 타인의 요구를 들어줄지 말지 결정하는 일에는 '절대 안 돼'라는 경직된 원칙이 적용되지 않는다. 이것은 일종의 의식적인 선택에 해당한다. 특히 내가 스스로의 죄책감과 근심을 잘 위로할 수 있는 수준이 되면 다른 사람의 요구를 죄책감 때문이 아니라 의식적인 선택으로서 들어줄 수 있다.

예를 들어 보자. 오늘 회사 동료가 나에게 일을 부탁했다고 치자. 나는 두 가지 선택을 할 수 있다.

첫째, 내가 처리할 일이 아직 많이 남아 동료의 일을 도와줄 여력이 없어 거절하는 것이다. 둘째, 오늘 내가 할 일은 어느 정도 마무리가 되어서 동료를 도와줄 수 있을 것 같다. 더군다나 전에 동료가 내 일을 한 번 도와준 적 있어서 기꺼이 그를 도와주고 싶어 부탁을 받아들이는 것이다.

이렇게 생각할지도 모른다. '나도 동료가 부탁하면 바로 알았다고 하고 들어주는데? 그럼 다 똑같이 승낙하는 건데 위에랑 다를 게 뭐지?' 두 번째의 선택이 '부탁하면 바로 들어주는' 것과 가장 크게 다른 점은 바로 '의식적인 선택'에 있다.

이 결정을 내리기 전에 마음속으로 분명히 생각했다. '내가 부탁을 들어준 건 무서워서가 아니야. 동료가 화를 내진 않을까, 나를 미워하진 않을까 무서워서 들어준 게 아니라고. 나는 지난번에 그가 내 일을 도와준 게 고마워서 보답하는 차원에서 내 능력껏 그를 도와주기 위해 시간과 에너지를 사용하는 거야.' 이것이 바로 의식적인 선택이다.

이 선택권은 '무서워서'가 아닌 '하고 싶지 않아서'라는 생각을 바탕으로 할 때 나에게 주도권이 있다고 느낀다. 내가 원해서, 할 수 있어서 누군가를 도와준다면 스스로 대단하다는 생각을 하며 거기서 성취감과 만족감, 애정을 느낄 수 있다.

내가 원하지 않는 이유는 최근 컨디션이 좋지 않거나 먼저 내 일을 처리하기 위해서이므로 죄책감을 느낄 필요가 없다. 이렇게 의식적으로 선택하면 스스로에게 능력이 있다 느낄 수 있고 나를 위해, 타인을 위해 기쁜 마음으로 더 많은 걸 해주고 싶어 하게 된다. 하지만 이것이 '당연히 해야 하는 의무'가 되어버리면 일의 성패와 상관없이 억지로 했다는 느낌과 함께 무력감을 느끼고 자기를 믿지 못하는 상황이 일어난다. 익숙한 상황 아닌가? 그렇게 벗어나려 애썼던, 정서적 협박에 빠져 있던 그 모습이다.

그러니 꼭 기억하자. 의식적인 선택은 자기의 감정을 존중한다는 것을 전제로 걱정과 두려움을 제거한 상황에서 스스로의 생각에 따라 결정하는 것이다.

'정서적 협박'이라는 관계의 굴레에 빠져 허우적대는 것은 실로 고통스럽고 비참한 일이다. 하지만 이 책을 펼쳐 든 것 자체가 나를 위해 중대한 결정을 내린 것이며 변화의 여정은 그때부터 이미 시작되었으리라 믿는다. 첫 걸음을 떼기가 제일 힘들다고 하지 않는가. 힘을 내자!

이제는 나를 위해서 사는 거야

'정서적 협박'의 관계가 오래되었을수록 이를 변화시키려는 노력은 더욱 더디고 무척이나 힘들 것이다. 심지어 스스로를 의심하기도 하며 어려운 시간을 보낼 수도 있다. 또 이 변화의 길을 걷는 중에 협박자들이 가하는 위협의 강도가 세질 수도 있으며 사회문화나 도덕적 관념 등으로 인해 심한 고독감에 시달리고 변화를 시도한 자신을 믿지 못할 수도 있다. 특히 많은 경우 정서적 협박자들은 '도덕'이나 '당연히' 등의 가치관이나 잣대로 위협하고 옭아매려 할 것이다. 그러다 보면 포기하고 다시 예전의 관계로 돌아가려 할지도 모른다. 하지만 절대 잊지 말아야 할 한 가지가 있다. 앞에서 강조했듯 '의식적인 선택'을 할 수 있는 관계로 돌아가야 한다는 점이다. 두려움으로 인해 정서적 협박에 굴복하던 습관에서 벗어나야만 한다. 오로지 나만을 위한 관계를 생각해도 좋다.

늘 상대의 정서적 협박에 못 이겨 요구를 들어주고 관계에 굴복했다면 시간이 지날수록 그 관계로 인해, 그 사람으로 인해 큰 부담과 스트레스를 느낄 것이다. 늘 '두려움'이라는 정서의 영향을 받기 때문에 그 관계에서 진정으로 관심받고 사랑받는다고 느끼지 못한다. 상대방이 무언가를 부탁했을 때 '사랑'에 의해 자발적으로 돕지 않고 '두려움'에 이끌려 하게 된다면 그를 점점 멀리하게 되고 결국 사랑은 없고 강요만 있는 관계로 전락한다.

정서적 협박의 관계라고 해서 매 순간 버리고 포기하고 싶은 것은 아니다. 많은 경우 부분만을 수정하고 보완해서 사랑의 관계로 만들고 싶어 한다. 다만 상대가 협박이라는 수단으로 옥 죈다면 그 순간만큼은 '자아'가 완전히 사라진 것 같은 느낌을 받는다. '자아'가 사라진 관계에서는 당연히 '사랑'이 있을 수 없다. 그래서 정서적 협박을 벗어나는 것은 절대 이기적인 행동이 아니다. 오히려 관계에서 가장 중요한 '사랑'을 더욱 순수하게 느끼기 위한 노력이다. 상대를 더욱 열심히 사랑하고 그 관계를 아끼고 싶다면 두려움과 공포로 점철되어서는 안 되며 협박의 관계에 굴복해서는 더더욱 안 된다.

사실 많은 경우 '사랑'은 상대가 공포를 느끼는 원인이 되기도 한다. 그들은 두려움 때문에 사랑받지 못하고 두려움 때문에 진정한 사랑을 잃는다. 그래서 더욱 강력하게 협박하고 치밀하게 통제하며 집요하게 요구하고 막다른 곳으로 몰아간다. 관계의 원형을 회복하는 것이 우리가 추구하는 궁극적인 목표다. 그러니 이 변화의 길을 걷기로 했다면 스스로 내린 그 결정을 끝까지 신뢰하면 좋겠다. 이 힘든 연단의 과정에서 분명 수시로 자신을 의심할 것이며 고독함을 느낄 것이다. 그래서 부탁을 하나 하고자 한다. 바로 자신을 위한 응원단이 되어주자는 것이다.

이렇게 생각해 보자. 일단 나조차 내 감정을 모르고 내가 받은 상처를 감싸지 못하는데 누가 나를 이해하고 보호해줄 수 있겠는가. 오직 나만이 스스로를 위해 목소리 낼 수 있고 나를 보호할 수 있다. 그러므로 이 고독한 변화의 길을 걸어갈 자신을 믿어주자. 협박자들의 말과 평가에 영향을 받아 초조함에 시달리면 자신을 위로하고 이렇게 말해주어야 한다.

"내가 이렇게 하는 건 잘못된 게 아니야. 그 누구에게도 미안해하지 않아도 돼."

다른 사람이 나를 믿지 못한다 해도 스스로를 믿어주고 든든한 방패막이 되어주어야 한다. 가능하다면 거울을 보고 자신에게 이렇게 말해주자.

"나는 다른 사람을 위해 살지 않아. 나를 위해 사는 거야. 내 인생은 내가 선택해야 해."

이 길고도 험난한 여정에 자신의 좋은 동반자가 되어주자. 그럼 절대 외롭지 않을 것이다.

꼭 기억하자. 인생에서 가장 중요한 사람은 그 누구도 아닌 바로 나 자신이다.

감사의 글

특별히 이 책과 관련해 내게 가장 중요한 사람, 지도교수이신 차
오중환曹中瑋 교수님께 감사드린다. 내가 상담을 공부할 때 처음
으로 '정서적 경계선'의 개념을 알려주신 분으로 '정서'와 관련한
수많은 개념을 가르쳐주셨다. 당시 배웠던 개념을 실생활에 적용
하면서 나부터 삶의 변화를 체험했다. 교수님의 가르침이 아니었
다면 이 책도 세상에 나오지 못했을 것이다. 바쁜 와중에도 시간
을 내서 꼼꼼히 감수해주시고 고견을 아끼지 않으신 교수님의 도
움 덕분에 이 책이 더욱 빛날 수 있었다. 깊이 감사드린다.

지은이 저우무쯔周慕姿

타이페이에서 마음햇살심리상담소心曦心理諮商所를 운영하며 일반 내담자 뿐만 아니라 기업에서 심리상담도 진행하고 있다. 현지 TV 프로그램 '미스터 두뇌', '건강이 나를 보다' 등의 프로그램에 심리학과 상담 전문가 패널로 출연하고 있으며 여러 매체에 칼럼을 연재하고 있다. 그녀는 상담에 있어서 내담자가 가진 다양한 능력을 스스로 발견하도록 돕고 삶에서 또 다른 선택을 할 수 있음을 보여주는 데 중점을 두고 있다.

과거에 자신도 정서적으로 묶여있었음을 고백하며 어떻게, 왜 그럴 수밖에 없었는지 연구해 다양한 방법으로 여러 사람과 공유해왔다. 그럼으로써 정서적 협박이 아닌 '다른 선택'을 할 수 있도록 돕고자 했고, 그 바람과 상담 사례들, 연구 결과를 이 책에 담았다.

저자는 이 책을 통해 '나를 받아들이고 자유를 찾는 것'이 인생에서 가장 중요한 일임을 잊지 말라고 말하고 있다. 그리고 "우리는 선택하고 결정할 자유가 있습니다. 진짜 나의 모습을 발견한다면, 영혼의 감옥을 벗어나 진정한 자유를 찾을 수 있습니다."라며 정서적 어려움을 겪고 있는 독자들에게 위로를 전하며 온전히 나로 살기 위한 연습을 시작할 것을 주문한다.

타이완 국립정치대학교國立政治大學 신문방송학과와 국립타이페이교육대학교國立臺北敎育大學 심리상담 대학원을 졸업하고 신뎬고등학교新店高中와 국립타이페이교육대학교, 중룬상담센터中崙諮商中心에서 심리상담사로 일했다.

옮긴이 하은지

한국외대 통번역대학원 한중과를 졸업했다. 프리랜서로 국내 유수 기업에서 번역, 통역, 강의를 담당했으며, 현재 번역 에이전시 (주)엔터스코리아에서 중국어 전문번역가로 활동 중이다. 옮긴 책으로는 《마음을 숨기는 기술》, 《나의 공룡친구-백악기1》(출간예정) 등이 있다.

정서적 협박에서 벗어나라

2017년 10월 30일 초판 1쇄 발행

지은이 · 저우무쯔
옮긴이 · 하은지

펴낸이 · 김상현, 최세현
책임편집 · 최세현, 김선도 | 디자인 · 고영선

마케팅 · 권금숙, 김명래, 양봉호, 임지윤, 최의범, 조히라
경영지원 · 김현우, 강신우 | 해외기획 · 우정민
펴낸곳 · (주)쌤앤파커스 | 출판신고 · 2006년 9월 25일 제406-2006-000210호
주소 · 경기도 파주시 회동길 174 파주출판도시
전화 · 031-960-4800 | 팩스 · 031-960-4806 | 이메일 · info@smpk.kr

쌤앤파커스(Sam&Parkers)는 독자 여러분의 책에 관한 아이디어와 원고 투고를 설레는 마음으로 기다리고
있습니다. 책으로 엮기를 원하는 아이디어가 있으신 분은 이메일 book@smpk.kr로 간단한 개요와 취지,
연락처 등을 보내주세요. 머뭇거리지 말고 문을 두드리세요. 길이 열립니다.